PETER HORST NEUMANN

Zur Lyrik Paul Celans

Eine Einführung

2., erweiterte Auflage

V&R

VANDENHOECK & RUPRECHT
IN GÖTTINGEN

Peter Horst Neumann

Geb. 23. 4. 1936 in Neisse/Oberschlesien. Studium der Musik in Leipzig, der Germanistik, Philosophie und Kunstgeschichte in Leipzig, an der FU Berlin und in Göttingen, Dr. phil. 1965. Ordentl. Professor für Neuere deutsche Literaturgeschichte in Fribourg/Schweiz 1968-80, danach in Gießen, seit 1983 an der Universität Erlangen-Nürnberg. Präsident der Eichendorff-Gesellschaft.

Veröffentlichungen zur deutschen Literatur des 18.-20. Jahrhunderts und zum Verhältnis von Musik und Dichtung, u. a.: Der Preis der Mündigkeit. Über Lessings Dramen (1977); Die Rettung der Poesie im Unsinn. Der Anarchist Günter Eich (1980).

CIP-Titelaufnahme der Deutschen Bibliothek

Neumann, Peter Horst:
Zur Lyrik Paul Celans : eine Einführung /
Peter Horst Neumann. – 2., erw. Aufl.
– Göttingen : Vandenhoeck u. Ruprecht, 1990
(Kleine Vandenhoeck-Reihe ; 1286)
ISBN 3-525-33567-9
NE: GT

Kleine Vandenhoeck-Reihe 1286

Umschlag: Hans-Dieter Ullrich
Gesetzt aus Aldus auf Linotron 202 System 4 (Linotype)
Satz: Fotosatz Gutfreund, Darmstadt
Druck und Bindung: Hubert & Co., Göttingen

INHALT

VORWORT ZUR ZWEITEN AUFLAGE

Dieses Buch erschien in erster Auflage 1968, zwei Jahre vor Celans Tod. Es war der frühe Versuch, Wege zum Verständnis eines damals noch nicht abgeschlossenen Werkes zu finden, zu einer Dichtung, die bei aller Faszination, die unvermindert von ihr ausgeht, dennoch so kommentierungsbedürftig ist wie keine andere in deutscher Sprache in diesem Jahrhundert. Ich hatte das Teil für ein Ganzes zu nehmen, kannte das Ende nicht und wußte erheblich weniger, als spätere wissen können. Man staunt und fragt etwas anders, wenn man sich in das Werk eines *lebenden* Autors vertieft, ist wachsam und irritierbar auf eine etwas andere Art, schreibt aber wohl auch unbekümmerter in jenem Neuschneegefühl, das unsere ersten Schritte begleitet und später sich nicht wiederholt.

Gegenstand des Buches sind Celans Gedichte von „Mohn und Gedächtnis" (1952) bis „Atemwende" (1967). Die letzten vier Sammlungen, also das Spätwerk, waren 1968 noch nicht erschienen, die frühen Gedichte aus den Jahren 1938–44 noch unbekannt. Diese Beschränktheit könnte ein Nachteil sein, ist aber keiner, wenn man das Buch als *Einführung* liest. Als eine solche hat es sich seit langem bewährt, und es wird sich auch in dieser um zwei Stücke erweiterten Neuauflage noch einmal als nützlich erweisen. Die Abschnitte I bis V sind durchgesehen, aber nahezu textgleich mit der 1. Auflage. Die dort beschriebenen linguistischen und thematischen Merkmale der mittleren Schaffenszeit haben sich später grosso modo als Merkmale des Celanschen Gesamtwerkes erwiesen. Die Texte aus „Mohn und Gedächtnis" stehen den frühen Gedichten noch nahe, während die aus „Atemwende" bereits den Spätstil der letzten vier Sammlungen vorbereiten. Wer heute noch einmal eine Einführung wie diese schreiben wollte, fände gute Gründe, sich auf dasselbe Textkorpus zu beschränken. Ob er dabei den Ansprüchen einer inzwischen fortgeschrittenen Celan-Forschung genügen könnte, ist eine andere Frage. Ich fürchte, man muß sie vorerst verneinen. Denn unter dem Eindruck der immer deutlicher erkannten Voraussetzungsfülle und Beziehungsdichte der Celanschen Lyrik ist diese Sekundärliteratur längst spezialistisch geworden. Ihre Ergebnisse und Einsichten an nichtprofessionelle Leser zu vermitteln, auch an Deutschlehrer und Studenten, die auf kompetente Verständigungshilfen hoffen, dürfte vorerst eine nur schwer zu lösende Aufgabe sein; der Anspruchsdruck scheint zu groß. Mein Buch aus den Anfängen der Celan-Philologie könnte – mit einem bescheideneren Anspruch – diese Lücke ein wenig verkleinern; schließen kann es sie nicht. Das meiste von dem, was damals neu war, ist inzwischen Gemeingut der Forschung geworden. Aber ein Leser, der diese ersten Schritte von damals heute als *seine* ersten repetiert, kommt, wie ich hoffe, ein respektables Stückchen voran.

Das Buch ist auch diesmal Bernhard Böschenstein gewidmet.

Erlangen, Januar 1990 Peter Horst Neumann

I.

„WORTAUFSCHÜTTUNG" UND WORTZERFALL

Seit dem Beginn dieses Jahrhunderts haben die Rezeption des Französischen Symbolismus, die Wiederentdeckung der Barock-Dichtung, aber auch die wachsende Beschäftigung mit der dunklen Dichtung Friedrich Hölderlins eine Differenz von Normal- und Dichtersprache ins allgemeine Bewußtsein treten lassen, an welcher seither die Modernität eines Sprachkunstwerkes gemessen zu werden pflegt. Je mehr eine Dichtung auf Mitteilung zielt, desto mehr tritt im Regelfall die Eigenart ihrer Sprache hinter deren Mitteilungsfunktion zurück, desto weniger speziell „poetisch" ist sie. Das muß freilich nicht heißen: desto weniger „poetisch" sei die *Dichtung*. Am Beispiel Bert Brechts wäre zu zeigen, wie eine Dichtersprache ganz Kunstsprache sein kann, sich zugleich aber ganz gegen die Sprache der Kommunikation zu öffnen vermag. Dies geschieht bei Brecht mit Hilfe der Fiktion: Sprache der Dichtung gleich Volkssprache. Diese Fiktion ist indes selber ein Stück Poesie und übergreift als solche den betonten Mitteilungscharakter der Brechtschen Sprache. Als Gegenbeispiel wäre auf die beinahe aller Kommunikation sich versagende Sprache Georg Trakls hinzuweisen. Reduziert auf einen überschaubaren, in seiner Überschaubarkeit zugleich vieldeutigen Bestand ausgewählter Worte und Bilder, bleibt sie allein auf die Dichtung beschränkt, die den Worten einen kaum mehr übertragbaren Sinn verleiht.

Seiner Abhandlung über „Nietzsches Wortbildungen" (1914) hat Richard M. Meyer die Bemerkung vorangestellt, jedes „schriftstellerische Genie" ziele auf Erneuerung der Sprache; jeder persönliche Stil sei eine Fortbildung in der Sprache bereitliegender Möglichkeiten, der Versuch, einer verblassenden Sprache neue Frische zu gewinnen. „Jede persönlich getönte Sprache ist in gewissem Sinn Sprachschöpfung."[1] Nun wird nicht jede „persönlich getönte Sprache" auch als ein literarisches Sonderidiom gelten dürfen. Für die Mehrzahl der Nuancierungen, mit deren Hilfe sich im schriftlichen oder mündlichen Sprachgebrauch Individualität zu erkennen gibt, bedarf es solcher Benennung nicht. Sie sind als *Stil*merkmale zu begreifen, als Konstituentien eines Personalstils etwa, der wohl Züge einer Dichtersprache aufweisen kann, nicht aber bereits eine solche Dichtersprache verbürgt.

Die Bezeichnung „Dichtersprache" verlangt also eine genauere Erklärung. In der strukturalistischen Sprach- und Dichtungs-Theorie versteht man darunter „eine eigenartige *Funktionssprache,* welche ihrem Wesen nach in einem Gegensatz zur Mitteilungssprache steht". Sie zielt „mit ihrer poetischen Funktion auf das *sprachliche Zeichen selbst*", während der Mitteilungssprache mit ihrer „kommunikativen Funktion" die Vermittlung der außersprachlichen Realität zufällt[2]. Nach dieser Bestimmung meint „Dichtersprache" nicht weniger als „die Sprache der künstlerischen Literatur" einer Epoche insgesamt. Im Gegensatz zu dieser Definition von Dichtersprache als der Gesamtheit sprachlicher Eigenarten der Lyriker und Schriftsteller eines Sprachraums in einer bestimmten Epoche soll auf diesen Seiten unter „Dichtersprache" die Sprache eines *einzelnen* Dichters verstanden werden. Deren Verhältnis zu einer viele ihresgleichen umfassenden Sprache etwa der *Lyrik* einer Epoche und deren Verhältnis wiederum zur allgemeinen „Sprache der künstlerischen Literatur" mag hier außer Acht bleiben. Der möglichen Beschreibung einer *generellen* Dichtersprache haben Einzeluntersuchungen *individueller* poetischer Idiome vorauszugehen. Eines davon, die Sprache der Lyrik Paul Celans, versucht dieses Kapitel wenigstens ansatzweise zu beschreiben.

*

Im Verzeichnis der in Celans Lyrik vorkommenden Wörter fällt die große Zahl ungewöhnlicher Komposita auf[4]. An ihnen vor allem könnte der Abstand seiner Sprache zur Mitteilungssprache abgelesen werden. Als wichtige Strukturkomponente der Celanschen Sprache läßt sich diese Tendenz zur Bildung neuartiger Worte aber nur schwer von anderen Komponenten isolieren. Bei Doppelwörtern mit Metapherncharakter etwa darf Celans übrige Metaphorik nicht außer Acht bleiben, bei den zum Kompositum zusammengefügten Worten nicht deren Bedeutung und die Häufigkeit ihres Gebrauchs. Den Abweichungen von der Semantik der Mitteilungssprache, die ihren Grund in dem besonderen Funktionszusammenhang eines Wortes innerhalb der Dichtung haben, ist nachzufragen. Streng genommen genügt die semantische Differenz bereits, um ein bestimmtes Wort einen Neologismus nennen zu können. Richard M. Meyer spricht in solchen Fällen von „subjektiven", im Gegensatz zu durch Wortkomposition entstandenen „objektiven Neologismen"[5]. Aber eine solche Unterscheidung könnte hier Mißdeutungen entgegenkommen. Das Nietzsche verdankte Wort „Bildungsphilister" etwa als „objektiven Neologismus" zu bezeichnen, mag angehen. Mit seiner Hilfe ist eine Prädikation vollzogen, die dieses Wort ein für allemal auch dem umgangssprachlichen Gebrauch anheimgibt. Stellt man dagegen eine Neubildung Celans, etwa „Herzbuckelweg" (N 80), so wird deutlich, daß der Normalsprache die Rezeption eines neugebildeten Wortes um so leichter gelingt, je ausgeprägter der Mitteilungscharakter des Textes ist, der ein solches Wort hervorbringt. Der Neologismus Nietzsches prädiziert etwas Wirkliches, das umschreibbar, jedenfalls aber auch ohne das ihm zugewiesene Wort zu belegen ist. Anders das Wort „Herzbuckelweg": aus drei je etwas Wirkliches bezeichnenden Substantiven gebildet (oder aus zweien, zählt man das Kompositum ‚Buckelweg' einfach), bleibt es ohne Bezug auf eine wie auch immer umschreibbare Wirklichkeit. Es evoziert etwas, das ohne diesen Anruf nicht wäre und nur für *dieses eine* Wort erreichbar bleibt. Hier verbürgt allein das unvertauschbare Wort die Sache, von der es spricht. Außerhalb des poetischen Imaginationsraums existiert dieser Bezug nicht, und auch auf dem Umweg über ein verwandtes Wort aus einer in manchem analogen Dichtersprache, derjenigen Rilkes, wäre eine der Normalsprache vergleichbare Beziehung von Sache und Wort nicht zu erschleichen. Selbst wenn ein direkter Traditionszusammenhang zwischen Rilkes Neubildung „Herzwege"[6] und Celans „Herzbuckelweg" bestehen sollte, differiert doch, bei prinzipiell gleicher Bildung, die Bedeutung beider Worte um mehr als nur um die Zahl ihrer Silben:

so
viel
wird gefordert von dem,
den die Hoffnung herauf- und herabkarrt
den Herzbuckelweg – so
viel

(N 80)

Formal handelt es sich sowohl bei Nietzsches als auch bei Celans Kompositum um einen Neologismus; vor der Vermittelbarkeit ihrer Semantik aber erweisen sie sich beide als so grundverschieden, daß man sich fragen muß, ob überhaupt sinnvoll sein kann, angesichts rein poetischer Wortkompositionen von Neologismen zu sprechen. Wenn sich die Dichtersprache von der Mitteilungssprache strukturell und also auch hinsichtlich der Bedeutung mehr oder minder vieler ihrer Worte unterscheidet, wenn in ihr zur Sprache gelangen kann, was der Normalsprache unaussprechlich, letztlich gar *inexistent* bleibt – dann ist das Erscheinen neuer, das heißt *der Normalsprache* fremder Wörter ein Zeichen allein des in jedem neuen Gedicht fortwährenden Prozesses der Konstituierung der Dichtersprache selbst. Innerhalb dieses Prozesses – des Prozesses einer, genauer gesagt, *Umstrukturierung* der Normalsprache zur Dichtersprache – wird der Novitäts-Charakter eines Wortes belanglos. Erst der deutenden Rückbeziehung auf die Sprache der Mitteilungen stellt er sich wieder dar. – Dichtung und Dichtersprache sind nahezu identisch; jede ist in der andern und *durch* sie. Diese Beinahe-Identität weist auf die Grenze einer rein linguistischen Betrachtung des Dichterwortes. Der Versuch, seine Gestalt zu beschreiben, kann seiner Deutung nicht entraten.

*

a) Substantiv, Verb, Adjektiv und Adverb sind die der Wortkomposition zugänglichen Wortarten. Am wenigsten betroffen ist in Celans Dichtung die Gruppe der reinen Adverbien. Bedenkt man aber, daß es sich hier um eine zahlenmäßig schwache Wortgruppe handelt, so erscheint die Zahl der verwendeten Fügungen bemerkenswert:

herzlinienhin	(N 82)	lebenslinienhin	(N 82)
blutabwärts	(M 27)	nachtfasernah	(N 85)
menschenher	(Sch 60)	weltabwärts	(N 31)
schlafher	(Sch 40)	schriftfern	(N 73)
schlafhin	(Sch 40)	herzher	(A 40)
schneewärts	(Sch 16)	herznah	(Sp 30)
inselhin	(Sch 47)	zeitauf	(A 99)
zeittief	(Sp 29)	zeithin	(A 25)
gestaltnah	(Sp 29)	nachtüber	(A 94)

Bezugspunkt solcher Orts- und Richtungsangaben sind ‚Dinge', die in Celans Dichtung ihren bestimmten Stellenwert besitzen. Suchte man mit Hilfe dieser Adverbien den durch sie entworfenen Raum zu reproduzieren, so ergäbe sich eine anthropomorphe Landschaft mit kosmischer Topographie. Sie wäre von Blut-, Herz- und Lebenslinien durchzogen; Herz, Schlaf, Insel, Schnee, Schrift, Zeit und Nacht wären ihre trigonometrischen Punkte. Tatsächlich setzen diese Adverbialkompositionen eine solche ‚Landschaft' voraus. Im Nirgends und Überall, wie zuerst in den Unendlichkeitsvisionen Jean Pauls[7], scheint der Ort dessen, der sie imaginiert. Glanz strahlt „menschenher", „Kristall um Kristall" liegen „zeittief gegittert", ein Teich hängt „schwarz und unendlich ... weltabwärts ..."

b) Bei der Unterscheidung zusammengesetzter Verben und Adjektive bereitet die Häufigkeit der Partizipien, oft attributiv verwendet, Schwierigkeiten. Infinitive und Konjugationsformen der betreffenden Komposita kommen, soweit ich sehe, überhaupt nicht vor: *wahrschinden, wahrstammeln, wirklichspinnen, schmerzschuppen, verzwergen, verwinzigen* oder *wundheilen* sind unausgewiesene Ausgangsformen passivischer Perfektpartizipien:

durchwintert	(M 65)	verwinzigt	(N 56)
schmerzgeschuppt	(A 65)	verzwergt	(N 56)
umgeiert	(Sch 65)	wahrgeschunden	(N 35)
umsommert	(Sch 16)	wahrgestammelt	(A 38)
umhurt	(Sch 16)	wirklichgesponnen	(Sp 19)
umlaubt	(M 16)		
wundgeheilt	(A 47)		
übertäubt	(Sch 34)		

In anderen Fällen ist die Bindung zwischen der Verbform und dem Vorderwort weniger fest. Zumeist handelt es sich um Adjektivmetaphern mit einem Substantiv als Präfix, deren Rückbeziehung auf weitschweifigere Formulierungen derselben metaphorischen Konstellation möglich scheint, ja bisweilen in den Gedichten geschieht. Zu „dornumworbene Wunde" (Sp 32) etwa findet sich im selben Gedicht die Wendung „der Dorn / wirbt um die Wunde". Auffälligste Beispiele dieses Typs sind:

atemgefleckt	(Sp 29)	seelenbeschritten	(Sp 19)
feigengenährt	(Sch 45)	seelenverfinstert	(Sp 43)
feuergepeitscht	(A 43)	seelenverkreuzt	(A 59)
giftgestillt	(Sp 60)	sonnen-durchschwommen	(Sch 33)
kohlegezinkt	(A 58)	sonnengesteuert	(N 88)
meerdurchstäubt	(Sp 44)	sternüberflogen	(Sch 62)
nachtdurchwachsen	(Sp 7)	traumgeschwärzt	(M 55)
rabenüberschwärmt	(Sp 15)	weltherzdurchglüht	(Sp 44)
rostgeboren	(M 66)	wortblutgeboren	(A 59)

Wortschöpfungen wie diese bleiben für den außerpoetischen Sprachbereich folgenlos. Sie verdanken sich allein einem metaphorischen Sprechen, das in ihnen seine Verkürzung erfährt. Geschehnisse scheinen in ihnen geronnen. Die Leistung des Mittelwortes ist es, diese Geschehnisse den Dingen als von diesen erlittene nun als Qualitäten zuzusprechen: „Stimmen, nachtdurchwachsen", „Schweigen . . ., giftgestillt", „Stunde, seelenverfinstert", „meerdurchstäubt die / unbetretbare Stunde".

In den Komposita rein adjektivischen Charakters herrscht meist die Struktur des Vergleichs:

absageweiß	(A 31)	herzschleimig	(Sp 7)
abweltweiß	(A 47)	steinmähnig	(A 77)
aschenbildwahr	(A 59)	zeitleer	(Sp 14)
nordwahr	(A 24)	zeitrot	(Sch 60)
sprachwahr	(N 63)	lebensrot	(M 53)
fluchschön	(Sp 38)	zeitgrün	(A 47)
sausend-schön	(N 72)	zeittief	(Sp 29)
sekundenschön	(N 54)	zeitstark	(Sp 42)
sargschön	(A 58)	u. a. m.	
gedankenfarben	(Sch 52)		
tausendjahrfarben	(N 46)		
phylakterienfarben	(N 58)		
gebetscharf	(N 35)		
lästerungsscharf	(N 35)		

Innerhalb des Geltungsbereichs der Dichtungssprache werden auf diese Weise bestimmten Dingen bestimmte neue Qualitäten zugeschrieben. Diese Prädikation geschieht in der Bildung des neuen Adjektivs. Dieses Adjektiv aber ist nun seinerseits mächtig, einem *anderen* Ding neue Qualitäten zuzusprechen. So heißt es in dem Gedicht „Nachtstrahl": „Ein schöner Kahn ist der Sarg . . ." Daraus entsteht das Adjektiv „sargschön", das, attributiv gebraucht, in Versen aus dem Band „Atemwende" auftaucht. Wo „ich die Goldnägel trieb", heißt es dort, „in unser / nebenher sargschön / schwimmendes Morgen" (A 58).

Dieses Beispiel könnte nun den Eindruck aufkommen lassen, der Prozeß der Entstehung einer Dichtersprache vollziehe sich geradlinig. Aber Geradlinigkeit ist etwas der Sprache durchaus Fremdes, und die Poesie gar ist gleichsam per definitionem eine „krumme Sache".

Prädikationen wie ‚Absage' oder ‚Abwelt' = ‚weiß', ‚Aschenbild = wahres Bild' oder ‚Zeit = rot, grün oder stark', solche Qualitätszuordnungen geschehen in Celans Dichtung zuerst in den betreffenden Kompositionsadjektiven. Die in der Normalsprache geltende Voraussetzung stabiler Beziehungen von ‚Dingen' und Qualitäten bewirkt hier, daß das, was im Augenblick zuerst behauptet wird, zugleich als ein längst Vertrautes erscheint. Erscheint! Denn tatsächlich finden sich die eben erwähnten Prädikationen außer in den genannten Adjektiven an keiner anderen Stelle in Celans Gedichten. Weder ‚Absage' noch ‚Abwelt' oder ‚Aschenbild' kommen als Substantive vor. An solchem Vertrautscheinen des soeben erst Gesetzten zeigt sich die Strukturbestimmtheit des neugefundenen Wortes innerhalb der Dichtersprache. Celans Sprache ist einerseits von prononcierter Neuartigkeit auf Grund der Fülle ihrer neuartigen Wortkompositionen, sie schließt andererseits aber Neologismen im eigentlichen Sinn dieses Wortes aus sich aus, indem sie deren Fremdheit als Vertrautheit unterstellt. Die Zahl der in Celans Lyrik *möglichen* Komposita ist nicht abzuschätzen. Dichtersprachen sind offene Systeme.

c) Die meisten zusammengesetzten Wörter finden sich in der Substantivgruppe. Die Beispiele reichen von vertrauten Zusammenfügungen wie „Leerzeile" oder „Nachtzeit" bis zu hypertrophischen Wortgebilden wie „Herzschattenseil" (A 81). *Dreiteilige* Nominalkomposita wie das letztgenannte fehlen in den ersten beiden Gedichtsbänden ganz, erscheinen in „Sprachgitter" noch kaum[8], in den Sammlungen „Niemandsrose" und „Atemwende" aber in zunehmender Häufigkeit[9]:

Hasenfell-Himmel	(N 60)	Rundgräberschatten	(A 44)
Kirschlorbeertraube	(N 61)	Eiskummerfeder	(A 47)
Herzhammersilber	(N 69)	Schneewimperschatten	(A 57)
Stummvölker-Zone	(N 86)	Augenschlitz-Krypta	(A 61)
Spätsommerohr	(N 87)	Herzschattenseil	(A 81)
Vier-Finger-Furche	(A 14)	Schwarzgestirn-Schwarm	(A 93)
Schlüsselburg-Blume	(A 34)	Blutklumpen-Botin	(A 94)
Braunalgenblut	(A 39)	Dunstbänder-, Spruchbänder-Aufstand	(A 98)
Brustwarzenstein	(A 39)		
Nacktpflanzenreigen	(A 43)		

Solche dreigliedrigen Kompositionen sind letzte Aufgipfelungen eines poetischen Sprechens, das über den vorgegebenen Wortbestand hinausdrängt. Worte, die zueinander in Vergleichs- oder Metaphernkonstellation stehen, werden zu *einem* Substantiv zusammengezogen. (Bisweilen signalisiert der Bindestrich das Prozeßhafte solcher Verbindung.) Dadurch verschärft sich ihre metaphorische Gespanntheit, zugleich aber verbindet sich die extreme Künstlichkeit des entstandenen Wortgebildes im Gestus eines wie selbstverständlichen Nennens mit ihrem Gegenteil. Die genannten Worte sind Male einer fortschreitenden Verknappung der Sprache; sie deuten zugleich auf eine *Erweiterung* der Sprache innerhalb des Nominalbereichs. Ihre Voraussetzung ist eine aus Sprachnot geborene Askese, aber diese Askese schlägt in ihnen um in eine Hypertrophie der Sprache[10]. Das Ausbrechen aus den Grenzen der überkommenen Sprache muß als um so gewaltsamer, aber auch als um so zwangsläufiger erscheinen, je deutlicher im selben Augenblick in Celans Dichtung der vergleichsweise geringe Bestand an Grundwörtern zutage tritt. Solche Wörter, erweitert um immer neue Bedeutungsnuancen, unterliegen dem Verschleiß. So erscheint es folgerichtig, daß der verstärkten Neigung zu immer neuen Wortkompositionen eine solche zur Aufnahme immer neuer entlegener Worte in die Dichtersprache parallel läuft[11].

Die folgenden Zahlen halten für einige Schlüsselworte Celans das sich von einer Sammlung zur nächsten wandelnde Zahlenverhältnis von Grundwort und Komposita fest[12]:

	M	Sch	Sp	N	A
Asche	1/3	1/0	2/0	1/0	0/4
Atem	0/0	0/0	2/1	4/4	2/4
Aug	30/0	24/0	15/8	18/5	10/7
Blut	5/2	4/0	2/1	0/2	0/5
Brot	1/0	1/0	0/0	0/1	0/3
Eis	2/0	5/0	1/2	2/2	0/4
Herz	29/0	6/0	4/6	6/16	0/10
Nacht	17/6	12/7	7/3	7/4	2/6
Rose	6/0	2/0	0/0	1/6	0/1
Sand	5/1	4/7	1/7	1/1	0/7
Schlaf	6/2	3/2	1/0	0/0	2/5
Schnee	4/1	6/0	0/5	1/0	0/4
Stein	6/0	16/1	4/4	7/6	2/7
Wort	13/0	16/3	7/1	18/15	8/10

Aus dieser statistischen Zusammenstellung ist die zunehmende Neigung Celans, immer neue Komposita zu bestimmten Vokabeln zu erfinden, als Entwicklungsprinzip seiner Dichtung erkennbar. Am Beispiel des Wortes „Herz" stellt sich diese Tendenz besonders eindrucksvoll dar. Dem neunundzwanzig- bzw. sechsmaligen Vorkommen dieses Wortes in den ersten zwei Sammlungen steht kein einziges Kompositum gegenüber. In „Sprachgitter" finden sich dann außer den Substantiven „Herzzeit" (Sp 37) und „Herzwand" (Sp 53) die Adjektive „herzgrau" (Sp 28) und „herzschleimig" (Sp 7), dazu das Adverb „herznah" (Sp 30). (Zu „herzgrau" wird später das gegensätzliche „herzhell", N 54, treten.) „Herzwand" taucht gleich in zwei Gedichten auf:

> Niemand schnitt uns das Wort von der Herzwand. (Sp 53)

Diese Verbindung von „Herzwand" und „Wort" wiederholt sich in dem Gedicht „Blume"[12a], wo aus Herzwänden eine Blume heranwächst, die ein „Blindenwort" ist:

> Wachstum.
> Herzwand um Herzwand
> blättert hinzu.
>
> Ein Wort noch, wie dies, und die Hämmer
> schwingen im Freien. (Sp 25)

Ganz in der Konsequenz solcher Vorstellungen scheint die Erfindung des Kompositums „Wortwand" zu liegen, das in Versen der „Atemwende" steht:

> AUS FÄUSTEN, weiß
> von der aus der Wortwand
> freigehämmerten Wahrheit,
> erblüht dir ein neues Gehirn. (A 62)

An den Zusammenhang von „Herz" und „Wort" scheint auch die Neubildung „Herzmund" in einem Gedicht aus der „Niemandsrose" anzuschließen:

> . . . Im Herzmund
> erwachtes Schibboleth . . . (N 68),

und mit dieser Bildung wiederum nimmt das Gedicht, in dem sie erscheint, Bezug auf frühere Verse aus „Von Schwelle zu

Schwelle" (vgl. S. 58 ff.), in denen das „Herz" eben dieses Schibboleth zu rufen aufgefordert ist:

Herz:
gib dich auch hier zu erkennen,
hier, in der Mitte des Marktes.
Ruf's, das Schibboleth, ... (Sch 55)

Daran knüpft sich später das Kompositum „Herzzähne" (A 53). Aber auch „Herzsteine" scheinen auf „Herzmund" beziehbar. Bedenkt man die Verse aus „Matière de Bretagne":

... mein Mund
spie seinen Schotter, ... (Sp 32),

so wird im Hinblick auf das Motiv des versteinerten Wortes eine Parallelität von „Herzmund" und „Mund" deutlich:

Kleine, im Eiswind
liegengebliebene
Schelle
mit deinem
weißen Kiesel im Mund:

Auch mir
steht der tausendjahrfarbene
Stein in der Kehle, der Herzstein ... (N 46)

Auch die zweite und letzte Erwähnung des „Herzsteins" deutet auf dessen Nähe zum steingewordenen Wort:

Von
Wahr- und Voraus- und Vorüber-zu-dir-,
von
Hinaufgesagtem,
das dort bereitliegt, einem
der eigenen Herzsteine gleich, die man ausspie ... (N 85)

Ferner tauchen auf:

Herzbahn	(N 72)	Herzfinger	(N 76)
Herzbuckelweg	(N 80)	Herzhammersilber	(N 69)
herzlinienhin	(N 82)	Herzschlag	(N 56)
Herz-Nie	(N 63)	Herzsinn	(N 73)
Herzstrahl	(N 84)	Herzteil	(N 78)
Herzgewordenes	(N 49)	Herzvorrat	(N 43)

Gegen diese sechzehn Komposita steht in der „Niemandsrose" ein nur sechsmaliger *einfacher* Gebrauch von „Herz". In den Gedichten der „Atemwende" schließlich tritt „Herz" nur noch in Zusammensetzungen auf:

Herzzähne	(A 53)	Herzmeer	(A 93)
Herztrabant	(A 32)	Herzfaden	(A 18)
Herzton	(A 94)	Herzgroschen	(A 56)
Herzpunkt	(A 60)	(herzher,	A 40
Herzschattenseil	(A 81)	herzförmig	A 25)

Zu einigen dieser Ein-Wort-Metaphern finden sich Parallelbildungen:

Herzschattenseil	—	Atemseil	(A 68)
Herzton	—	Lichtton	(A 22)
Herzgroschen	—	Ewigkeitsgroschen	(A 81)
Herzzähne	—	Ewigkeitszähne	(A 57)
Herzfinger	—	Gedankenfinger	(A 87)
		(Fingergedanke,	N 48)

Wortbildungen dieser Art kommen zuerst in der Lyrik Rilkes in vergleichbarer Vielzahl vor: *Herzfinsternis, Herzschwung, -weg, -werk, -raum, -gebirge, -Verschlag, -schlag, -zwischenraum, -landschaft, -geruch, -halter, -feuerstein, -nuß, Königsherz* und Dichterherz[13]. Das verschlissenste Wort der deutschen Lyrik wird zum Ausgangspunkt immer kühnerer Weiterungen. Aber nicht nur, daß solche Wortgebilde in keine nichtpoetische Sprache übertragbar sind, weil ihnen dort keine Wirklichkeit entspräche und ihre Befähigung, eine dichterische Wirklichkeit *zu erschaffen*, auf den allein von der Dichtersprache auszumessenden Raum der Poesie beschränkt bleibt; auch innerhalb der Celanschen Dichtung selbst erweist sich ihre Wiederverwendung als seltene Ausnahme. Die Anstrengung, der sie sich verdanken, zeitigt in ihnen mit der erreichten Erweiterung des poetischen Sprechens zugleich eine Erstarrung der Sprache. In dieser Erstarrung wiederholt sich die gleiche Sprachnot, der soeben noch zu entrinnen möglich schien. Die Sprachgrenze wird um ein geringes gegen das Schweigen hin verschoben; um so deutlicher aber wird, daß es sich wirklich um eine Grenze handelt.

Zwei gegenläufige Tendenzen also sind an solcherart Komposita abzulesen: eine der Verengung und eine der Erweiterung des poetischen Sprechens. Das neugefundene, neugebildete Wort zeigt die Koinzidenz beider an; es signalisiert gleichsam auf dem Gipfelpunkt der Dichtersprache die Dialektik des Werdens und des Verfalls eben dieser Sprache. Die durch Wortkumulation – „Wortaufschüttung" (A 25) – entstandene neue poetische Vokabel, die, von den ganz wenigen Ausnahmen abgesehen, nie wieder aufgegriffen wird, markiert ein Vorstoßen der Dichtung an den Rand der sie ermöglichenden Sprache. Diese Grenzberührung ist wichtiger noch als das Wort, in welchem sie sich ereignet. Das einmal gefundene, einmal in das Gesamt der Dichtersprache eingebrachte Wort wird gleichsam sofort wieder vergessen, mag es auch in dem Gedicht überdauern, das es hervorbrachte. Seine Erfindung bleibt folgenlos für künftige Gedichte. Es erfährt seine Wiederholung einzig in dem *Prinzip* seiner Bildung, das immer neue Worte seiner Art entstehen läßt.

*

Einer Vielzahl Komposita[14] verschiedener Wortarten scheint durch Trennungsstriche, welche die zusammengefügten Wortteile scheiden, bereits im Augenblick ihrer Entstehung das Zeichen des Zerfalls mitgegeben. Diese Zersplitterung geschieht zumeist im Wort-Enjambement:

Stunden-/mutter	(N 39)	Kometen-/braue	(A 32)
Licht-/bringer	(N 53)	Schnee-/gespräche	(A 38)
Silben-/mole	(N 54)	Pfingst-/schneise	(A 46)
Welten-/splitter	(N 56)		

Der Trennungsstrich fungiert hier zugleich als Bindestrich; Trennung und Verbindung erscheinen als eins; ebenso bezeichnet er den Sprung des Gedankens innerhalb eines Wortes von einem für sich bedeutenden Glied zum nächsten. Jedes der verbundenen Glieder erhält durch diese gleichzeitige Trennung dasselbe Gewicht, ja so erst wird die genaue Selbstartikulation dieser Dichtersprache möglich. Jede Silbe kann zum Ausdrucksträger werden:

entlang-/tastend	(Sch 10)	hell-/gebissene	(A 53)
wahrer-/geschundenes	(N 35)	eng-/gezogene	(A 86)
frei-/werdende	(N 55)	mit-/verstiegene	(A 36)
herüber-/gestolpert	(N 89)	strom-/abwärts	(A 78)

Solche Wortzerlegung bleibt nicht auf Komposita beschränkt. Deutet sie beim Kompositum das Einsetzen des Wortzerfalls im Augenblick der Neubildung an, so kann sie in anderen Fällen Partikeln oder Präfixe freisetzen:

Ge-
trunken.
Ge-
segnet.
Ge-
benscht. (N 47)

Ebenso können aus isolierten Gliedern einfacher Worte neue poetische Vokabeln entstehen. Auch sie erweisen sich als Ephemeren, wie das im Augenblick seiner Bildung bereits zerfallende Kompositum:

Das
Selbe
hat uns
verloren, das
Selbe
hat uns
vergessen, das
Selbe
hat uns – – (N 17)

Hierher gehören vor allem Verse aus dem Gedicht: „... Rauscht der Brunnen" (N 35), einem der wichtigsten Gedichte Celans:

Wir werden das Kinderlied singen, das,
hörst du, das
mit den Men, mit den Schen, mit den Menschen, ja das
mit dem Gestrüpp und mit
dem Augenpaar, das dort bereitlag als
Träne-und-
Träne.

Man muß nicht erst an andere Verse aus der „Niemandsrose" denken, die vom „Königsblut" (N 69) des Menschen sprechen, um darüber zu erschrecken, was mit dem *Wort* „Menschen" zugleich dem, was es meint, widerfährt. Wenige Zeilen früher heißt es:

> Ihr meine mit mir ver-
> krüppelnden Worte, ihr
> meine geraden.

Was das Gedicht einem „Kinderlied" zuweist, im gleichen Augenblick aber selber vollzieht, darf wohl eine ‚Ver-krüppelung' heißen, und nicht nur eine des *Wortes* „Menschen". Die geschiedenen Silben „Men" und „Schen" werden substantiviert und lesen sich zunächst wie Nonsenswörter. Daß dem Riß, der die „Menschen" in die „Men" und die „Schen" zerlegt, ein ebensolcher durch das einzelne Wesen hindurch entsprechen müßte und daß der Zerfall eines wohl für unteilbar Gehaltenen mit dieser Silbenspaltung signalisiert sei – solchem Gedanken, indem es ihn aufdrängt, tritt das Gedicht selbst jedoch zugleich entgegen. Die Substantivierung der Partikeln erweist sich als ein tiefsinniges Übersetzungsspiel. Nur durch ihren hier erstmals gehörten Reimklang scheinen sich die Silben noch aufeinander zu beziehen, sie sind aber im selben Augenblick in eine je andere Sprache hinübergewechselt und dort aus Wortfragmenten zu Wörtern geworden. Liest man das „Men" als englisches Wort, so bedeutet es Menschen. Kommt einem aber das „Schen" (sozusagen) „chinesisch" vor und entschließt man sich, mitspielend, es als chinesischen Laut anzunehmen, so bedeutet es – in der Umschrift *jen*, mit französisch gesprochenem *j* – Mensch. (Auf einer anderen Tonhöhe kann es, in der Umschrift *shen*, Körper bedeuten oder Gottheit. Ein Hinweis von S. S. Prawer.)[15] Dann wäre in jedem Teil des zerhackten deutschen Wortes durch dessen Emigration in eine fremde Sprache das Ganze gerettet, das Zerstörte unversehrt, das Verkrüppelte „gerade"[16].

Ist das über-interpretiert? Nein, denn es geht hier nicht um die mögliche Absicht des Autors. Eine Dichtung, die in ihrer Sprachversenkung der Wortmystik der Kabbalisten und der Sprachalchimie eines Quirinus Kuhlmann oder Johann Georg Hamann so nahe steht wie diese, fordert von ihrem Leser ein ähnliches In-die-Tiefe-gehen. In einer gewissen Freiheit von seinem Verfasser organisiert sich in jedem Gedicht ein Sprachgeschehen, dessen Subjekt am Ende die Sprache selbst ist.

*

Durch Silbentrennung vor allem in der Weise des Enjambements gelingt es Celan, im einzelnen Wort eine mimetische Energie freizusetzen, deren sich zuvor die Lyrik kaum versah. Die folgenden Beispiele sind dem Gedicht „Huhediblu" (N 73 ff.) entnommen:

> Schwer-, Schwer-, Schwer-
> fälliges auf
> Wortwegen und -schneisen.

Es entsteht der Eindruck, als bahne sich das Wort „Schwerfälliges" gleichsam schwer-, schwer-, schweren Schrittes einen Weg, als gäbe es am Ende der ersten Zeile seiner eigenen ‚Schwere' nach, um in die zweite hinunterzufallen. Klangmalerei ist im Spiel, aber die Nachahmung dessen, wovon die Verse sagen, geht über das der Klangmalerei Mögliche hinaus. Voraussetzung für solche Art Mimesis ist die Ausnutzung der kleinsten semantischen Einheiten eines Wortes. Nicht selten erfolgt deren Aktualisierung durch Repetition:

> Wann,
> wann blühen, wann,
> wann blühen die, hühendiblüh,
> huhediblu, ja sie, die September-
> rosen?
>
> Hüh – on tue ... Ja wann?
>
> Wann, wannwann,
> Wahnwann, ja Wahn, –
> Bruder
> Geblendet, Bruder
> Erloschen, du liest
> dies hier, dies:
> Dis-
> parates-: ...

Manisch muten die Wiederholungen des Wortes „wann" in einer sinnlosen, weil im Aussprechen bereits beantworteten Frage an. (Septemberrosen sind Rosen im September.) ‚Kindisch' klingen die onomatopoetischen Vokalisen. Erscheint das Wort „Wahn", gleichsam durch Dehnung des Vokals aus dem „wann" hervorgegangen, so nennt es nur beim Namen, was sich in den vorlaufenden Versen buchstäblich *dargestellt* findet – ein Wann-Wahn. Ebenso wie aus dem kurzen „a" das gedehnte, aus dem

Wort „wann" das Wort „Wahn" hervorging, so scheint in den letztzitierten Versen aus einem langen ein kurzes „i" geworden. Das wiederholte Demonstrativpronomen „dies" weist gestisch auf verschiedenerlei, eben auf „Dis-/parates". Dabei wird durch den sowohl optischen als auch akustischen Akzent auf „-parates" zugleich das Paratsein dessen betont, was da zu lesen wäre.

Andere Worte, bei denen die Zertrennung über den Zeilensprung hinweg die Semantik von Wortpartikeln aktualisiert, sind: „Par-/tikelgestöber" (Sp 61), „Silben-/mole" (N 54), „allein-/gängerisch" (N 11), „Luft-matte" (N 57), „senk-/recht" (A 20), „An-/erlebtes" (A 27), „zer-/spaltener" (A 78), u. a. Je mehr in Celans Dichtung die Sprache ihrer Grenzen innewird, um so öfter spricht sie, da ihr anders zu sprechen nicht möglich zu sein scheint, stammelnd. Durch die immer häufigere Zersplitterung ihrer Worte wird das Stammeln auch äußerlich zu einem Stilprinzip erhoben. In der Trennung seiner Silben wird am Worte selbst sichtbar, wovon es spricht. Ihrer Intention nach zielt die Spaltung eines Wortes auf das Wort als die Mimesis seiner selbst:

> . . . ein blindes
>
> *Es sei*
> knüpfte sich in
> die schlangenköpfigen Frei-
> Taue-: ein
> Knoten
> (und Wider- und Gegen- und Aber- und Zwillings- und
> Tau-
>
> sendknoten), an dem
> die fastnachtsäugige Brut
> der Mardersterne im Abgrund
> buch-, buch-, buch-
> stabierte, stabierte. (N 79)

Ein besonders kühnes Beispiel für Wortzerlegung in offenkundig mimetischer Absicht zeigt das Gedicht „Hafen" (A 47 ff.). Das Frageadverb „wohin" wird in „wo-" und „hin" gespalten, die zweite Silbe aber erst elf Verse später, zu Beginn der dritten Strophe, nach einer Repetition des „wo-/" nachgestellt. Akustisch will das „wo-" zunächst als selbständige Frage verstanden werden. Schließt es sich endlich mit seiner Nachsilbe zum „wohin" zusammen, so ist diesem Zusammenfinden eine Verwirrung des Lesers vorangegangen, die der durch das Wort ausgedrückten Ratlosigkeit des lyrischen Subjekts entspricht. Gleichsam über elf Zeilen hinweg sucht ein Fragewort seine Nachsilbe, mit deren Hilfe es nun *ein anderes* wird als es suchend zu sein schien:

Wundgeheilt: wo-,
wenn du wie ich wärst, kreuz-
und quergeträumt von
Schnapsflaschenhälsen am
Hurentisch

— würfel
mein Glück zurecht, Meerhaar,
schaufel die Welle zuhauf, die mich trägt, Schwarzfluch,
brich dir den Weg
durch den heißesten Schoß,
Eiskummerfeder —,

wo
hin
kämst du nicht mit mir zu liegen, . . .

Als nicht minder kühn erscheint auf den ersten Blick eine Wortzerlegung, von der sich freilich beim *zweiten* erweist, daß es sich um *keine* Zerlegung handelt: Das im Neuhochdeutschen befremdliche Verbum „ichten" — mittelhochdeutsch *ihten, zu etwas machen*[17] — rückt Celan in unmittelbare Nachbarschaft von „vernichtet". Durch diese Nähe mutet das ungebräuchliche Wort an wie aus einer Wortzerstörung hervorgegangen; gleichwohl ist es das ältere und anders gerade das Zeitwort „vernichten" sprachgeschichtlich aus ihm entstanden.

EINMAL,
da hörte ich ihn,
da wusch er die Welt,
ungesehn, nachtlang,
wirklich.

Eins und Unendlich,
vernichtet,
ichten.

Licht war. Rettung. (A 103)

Den mit dem Gebrauch eines derart archaischen Wortes erreichten ästhetischen Effekt mag man zunächst skeptisch beurteilen. ‚Ästhetischer Effekt' meint indes nicht nur die spontane Wirkung des Wortlauts einer Dichtung; er hat einer Prüfung standzuhalten, in der sich die Angemessenheit von Sprache und Gesprochenem erst erweisen muß. Die fast vollständige Unübersetzbarkeit des als Prädikat verwendeten Verbs wird durch seinen intransitiven statt transitiven Gebrauch noch verstärkt. Für die Behauptung einer Vernichtung des „Unendlichen" mit dem „Einen" bleibt die Sprache das Wort nicht schuldig. Den *Umschlag* des Nichts aber zu bezeichnen, d.h. einem Prozeß, in dem das Vernichtete, nicht mehr Existente gleichwohl etwas zeitigt, zur Sprache zu verhelfen — dazu bedurfte es eines Wortes, das imstande wäre, das unerhörte sprachferne Geschehen zu prädizieren, mithin dieser Sprachferne *im Wort* gerecht zu werden. So geschieht der Rückgriff auf eine durch die Sprachgeschichte längst liquidierte Vokabel, aber doch auch auf eine, die noch in ihrem Gegenwort weiter besteht: Das Prädikat „ichten" scheint aus dem Zeitwort ‚vernichten' zurückgewonnen, so wie das, wovon es spricht, sich aus der Vernichtung von „Eins und Unendlich" versteht. Das zu „ichten" gehörige mittelhochdeutsche Hauptwort ist ein Pronominalsubstantiv: *‚iht'*, etwas, ein Irgendwas. Dieses *‚iht'*, das aus der Vernichtung der Antipoden „Eins und Unendlich" hervorgeht, ist, vielleicht, das im Gedicht die „Rettung" verheißende „Licht"[18]. Als wären sie aus gleicher Wurzel gebildet, so gehen hier Nichts, ‚iht' und „Licht" auseinander hervor. Doch auch das *Ich*, das im „Licht" seine „Rettung" erfährt, klingt noch in ihnen mit. Aus solcher Klangeinheit zuletzt wird der gewagte Rückgriff auf das archaische Wort zum poetischen Ereignis.

Um eines vergleichbaren Zusammenklanges willen scheint Celan in dem Gedicht „Strähne" aus „Von Schwelle zu Schwelle" das Kompositum „Stirnenjahr" erfunden zu haben. Das Bemerkenswerte an diesem Gedicht ist, daß es den Sprachvorgang, der dieses Wort entstehen ließ, preisgibt:

> Strähne, die ich nicht flocht, die ich wehn ließ,
> die weiß ward von Kommen und Gehen,

die sich gelöst von der Stirn, an der ich vorbeiglitt
im Stirnenjahr —:

dies ist ein Wort, das sich regt
Firnen zulieb,
ein Wort, das schneewärts geäugt,
als ich, umsommert von Augen,
der Braue vergaß, die du über mich spanntest,
ein Wort, das mich mied,
als die Lippe mir blutet' vor Sprache.

Dies ist ein Wort, das neben den Worten einherging,
ein Wort nach dem Bilde des Schweigens,
umbuscht von Singrün und Kummer.
Niedergehn hier die Fernen,
und du,
ein flockiger Haarstern,
schneist hier herab
und rührst an den erdigen Mund.

(Sch 16)

Die erste Strophe findet an ihrem Schluß wie beiläufig ein Wort, das zunächst als Zeitadverbiale in syntaktisch untergeordneter Stellung und also ganz seinem Kontext verbunden bleibt. Die beiden nachfolgenden Strophen aber sprechen einzig von diesem Wort: sein Erscheinen hat das Gedicht in eine andere Bahn gelenkt. Ein Wort-Wesen hat sich eingestellt: es „regt" sich, es hat „schneewärts geäugt", seine Gestalt ist „nach dem Bilde des Schweigens". Es nimmt seinen Zeitlauf als ‚Jahr' in Richtung auf winterliche ‚Firnen', die es im reimenden Klang zugleich schon erreicht hat. „Fernen" gehn in ihm nieder, auch sie in der Assonanz von ‚Stirn' und ‚Ferne' von allem Anfang an eingeholt. Dieses Wort ist ein Wort einzig der Dichtersprache, und das eben heißt bei Celan: „nach dem Bilde des Schweigens". Es ist ein Kompositum, also aus verfügbaren Worten gebildet in einer ‚Neben'-Sprache, „ein Wort, das neben den Worten einherging". Im Überfluß der Sprache („als die Lippe mir blutet' vor Sprache") bedurfte es seiner nicht: „ein Wort, das mich mied". Wenn gilt, was in diesem Kapitel zu zeigen versucht wurde, daß nämlich die Dichtersprache Celans in den Momenten ihres größten Abstands zur Normalsprache das ihr allein gehörende Wort „nach dem Bilde des Schweigens" bildet, dann ist der Vorgang der

Wortfindung und *deren Bedingung* der Grundgedanke dieses Gedichts.

„Wortaufschüttung“ und Wortzersplitterung, Wortbildung *durch* Zersplitterung, Zersplitterung aber auch der soeben erst erfundenen Worte, dazu die zahlreichen Substantivierungen von Adjektiven, Pronomina oder Adverbien – mit all diesen Veränderungen überkommener Worte reagiert diese Dichtersprache auf die im Gedicht vermessene Grenze menschlichen Sprechens. Indem das Dichterwort erleiden muß, wovon die Dichtung spricht, wird an ihm in exemplarischer Weise zugleich ein menschliches Schicksal ablesbar:

> Ihr meine mit mir ver-
> krüppelnden Worte, ...

Dennoch stehen die, an der Mitteilungssprache gemessen, deformierten Worte in der Sprache des Gedichts als *verba intacta:*

> ... ihr
> meine geraden.

Eine Dialektik des Dichterwortes scheint auf. Ihr allein dankt Celans Lyrik die Kraft, noch dem, was sie zu überwältigen droht, beständige Zeichen zu setzen.

II.

DAS NICHTS IN DER MANDEL

Neben oft wiederholten Worten, die sich dem Leser einprägen und an denen allein er schon Celans Autorschaft erkennen könnte, stehen andere, die dem Gedächtnis gerade wegen ihres seltenen Gebrauchs unverlierbar sind. Ein einziges Mal erscheint das Wort „Milch" in Celans Gedichten: „Schwarze Milch der Frühe". Einmal nur wird das „Einhorn" beim Namen genannt: in „Schibboleth". „Atemwende" steht, außer als Titelwort, nur in der Büchner-Rede. Zu diesen gerade durch ihre Seltenheit hervorgehobenen Worten gehört „Mandel". Bevor es in „Mandelaug", „Mandeltraum", „Mandelbaum" Weiterungen erfährt und der spielenden Sprache übergeben wird, steht es zuerst in dem berühmtgewordenen Schlußgedicht der Sammlung „Mohn und Gedächtnis":

ZÄHLE die Mandeln,
zähle, was bitter war und dich wachhielt,
zähl mich dazu:

Ich suchte dein Aug, als du's aufschlugst und niemand dich ansah,
ich spann jenen heimlichen Faden,
an dem der Tau, den du dachtest,
hinunterglitt zu den Krügen,
die ein Spruch, der zu niemandes Herz fand, behütet.

Dort erst tratest du ganz in den Namen, der dein ist,
schrittest du sicheren Fußes zu dir,
schwangen die Hämmer frei im Glockenstuhl deines Schweigens,

stieß das Erlauschte zu dir,
legte das Tote den Arm auch um dich,
und ihr ginget selbdritt durch den Abend.

Mache mich bitter.
Zähle mich zu den Mandeln. (M 76)

Den bitteren Mandeln gleich zu werden, in ihrer Zahl aufgehen zu dürfen, bittet das Ich des Gedichtes sein Du. Dieses Du zählt oder soll zählen „was bitter war und dich wachhielt": Vergangenes, Durchlebtes. Dieses Du ist ein Toter. Durch Hadesstille klingt das Zählen des Durchlittenen. Im Motiv der „Krüge" ist der Ort der Schatten evoziert. Achtmal erscheint dieses Motiv in Celans Gedichten; sie alle sprechen vom Tode:

> Blank sind die Klingen: wer säumte im Tod nicht vor Spiegeln?
> Auch wird hier in Krügen kredenzt die lebendige Schwermut:
> . . . . . .
>
> (M 17)

Oder in dem Gedicht „Die Krüge":

> An den langen Tischen der Zeit
> zechen die Krüge Gottes.
> Sie trinken die Augen der Sehenden leer und die Augen der
> Blinden,
> die Herzen der waltenden Schatten,
> die hohle Wange des Abends. (M 54)[1]

Wenn das „Mandel"-Gedicht vom ‚gedachten' Tau spricht, der zu den Krügen „hinunterglitt", variiert es das Bild der von Krügen leergetrunkenen Augen[2]. Die Assoziation an Urnen liegt nahe: *urna,* Wassergefäß, Aschenkrug. Unklar bleibt, wessen und welcherart „Spruch" die Krüge „behütet". Daß er „zu niemandes Herz fand" und nicht zu erkennen ist, wer ihn sprach, was er meint, macht ihn zum schweigsamen Wächter. In seinem Bezirk steht das Du erstmals auf „sicherem" Grund; „dort erst" tritt es in seine Identität ein, indem es eins wird mit seinem Namen. „Erlauschtes" und „Totes" begleiten es „durch den Abend". Vernehmbar ist sein Schweigen. Zwar scheint der Glockenstuhl dieses Schweigens ohne Glocken zu sein, aber das „freie" Schwingen, das Freischwingen der „Hämmer" wird als Gebärde eines Tönens der deutbare Teil dieser Toten-Stille (vgl. S. 16).

Als ähnliche Paradoxie liest sich der Vers: „Ich suchte dein Aug, als du's aufschlugst und niemand dich ansah, . . ." Denn wenn das Auge das Organ solchen Suchens ist, zugleich aber „niemand dich ansah", als das gesuchte „Aug" sich öffnete (und wohl in diesem Augenblicke gefunden war), dann ist das suchende Ich blind oder es ist ein „niemand". Hier klingt bereits jenes Wortspiel mit dem Pronomen „niemand" an – dem keinen, der *einer* ist –, das freilich erst von dem elf Jahre später geschriebenen „Psalm" aus der „Niemandsrose" zu Ende gespielt wird („Niemand knetet uns wieder aus Erde und Lehm" – N 23; vgl. S. 53 f.). Latent ist dennoch in dieser Zeit die Erhebung des Pronomens zum Nomen bereits enthalten, und diese Latenz, die sich im Rückblick vom „Psalm" her erkennen läßt, würde es dann wohl gar erlauben, die Wendung „Spruch, der zu niemandes Herz fand" in einem ganz unerwarteten Sinne zu deuten. Dann nämlich gerade *fände* der „Spruch" ja das Herz dieses Ich und nur seines allein: als eine Kunde aus dem Totenreich. Es ist die fehlende Identität, die Trennung des Ich von seinem Namen, welche den Lebenden vor den Toten als „niemand" erscheinen läßt.

Die Eckverse des Gedichts sind im Tempus der Gegenwart gesprochen. Dazwischen steht im Vergangenheits-Tempus, was das Gedächtnis aus der Vergessenheit heraufruft. Die Anfangsverse hatten Wachheit und Bitterkeit miteinander verknüpft. Das Medium einer Begegnung der Toten mit den Lebenden ist das Gedächtnis. Es findet den Weg hinab zu den Krügen, den Urnen. Die Aufforderung am Schluß des Gedichts „Mache mich bitter" ist die Bitte an den Toten, den, dessen Gedächtnis zu den Schatten hinunterlangt, hinzuzuzählen dem, was allein an der Stätte der Krüge noch gilt. –

Erst in der elf Jahre später erschienenen „Niemandsrose" (1963) begegnet das Wort „Mandel" in Celans Lyrik wieder: in dem Gedicht „Mandorla". Auch sein vergleichsweise seltenes Vorkommen in Wortverbindungen gehorcht einer, wie es scheint, strengen Kunst-Ökonomie. Um so genauer wird der Leser solche Wortverbindungen zu beachten haben, so in den Anfangsversen des Gedichts „Andenken":

> Feigengenährt sei das Herz,
> darin sich die Stunde besinnt
> auf das Mandelauge des Toten.
> Feigengenährt. (Sch 45)

Vom „mandeläugigen Schatten" der Schwester („deines [der Mutter] / Totseins Tochter") spricht das Gedicht „Vor einer

Kerze" (Sch 34 f.). Vom „Mandelaug", das „durch alle die Wände" kommt, wissen Verse aus der „Atemwende" (A 84). Das Mandelauge ist das Auge des Juden. Der Bildzusammenhang von „Aug" und „Mandel" ist deutlich. Er fügt sich ein in das dichte Metapherngewebe, in welchem auch „Aug", „Stein" und „Träne" miteinander verbunden sind: „Dein Aug, so blind wie der Stein" (Sp 25) oder „Mitsamt meinen Steinen, / den großgeweinten ..." (Sch 55).

Mandel: die augen-, die tränenförmige, die steinerne Frucht. Schon beim ersten Gebrauch dieses Wortes ordnen sich „Mandel" und „Aug" einander zu. Was das tote Du zählt, sind nicht die Mandeln allein, wie es nicht die arglose Bitternis dieser Frucht ist, welche noch die Toten wachzuhalten vermöchte. In der Chiffre der „Mandeln" ist zugleich der Unzahl jüdischer Opfer in den Vernichtungslagern gedacht[4]. Der Dichter aber bittet: „zähl mich dazu".

*

Die Gedichte der „Niemandsrose" hat Celan dem Andenken des russischen Dichters Ossip Mandelstamm gewidmet. Die Begegnung mit seiner Gestalt wird dem Nachgeborenen zu einer Selbstbegegnung im Vergangenen. Mandelstamm gehörte einer Warschauer Judenfamilie an, er wuchs in Petersburg auf. Wie der Czernowitzer Paul Antschel, der sich Celan nennt, hat er in Paris studiert. In den dreißiger Jahren, etwa zehn Jahre vor der Deportation der Eltern Celans in ein Vernichtungslager, wurde Mandelstamm ein Opfer der Stalinschen Säuberungen. Er kam in ein Arbeitslager bei Woronesch und starb, Ilja Ehrenburgs Bericht zufolge, 1938 in der sibirischen Verbannung. Auch Celan wurde in einem Arbeitslager (in Rumänien) gefangengehalten[5]. Doch es sind nicht die Schicksals-Parallelen allein, die ihn mit dem achtundzwanzig Jahre älteren Mandelstamm verbinden. Es genügt, eines der von Celan übertragenen Gedichte des Petersburgers zu lesen, um eine tiefere Verwandtschaft zu erkennen als die, welche an den Gleichungen der Lebenswege sich aufdeckt. Dabei begegnet uns Mandelstamms Lyrik in Celans eigener Sprache. Das ins Deutsche herübergetragene Gedicht gehört so *beiden* Dichtern, deren verschiedener Anteil nur dem erkennbar wird, der das russische Original vergleicht:

DIESE NACHT: NICHT GUTZUMACHEN
bei euch: Licht, trotzdem.
Sonnen, schwarz, die sich entfachen
vor Jerusalem.

Sonnen, gelb: größres Entsetzen –
schlaf, eiapopei.
Helles Judenhaus: sie setzen
meine Mutter bei.

Sie, die nicht mehr priesterlichen,
gnad- und heilsberaubt,
singen aus der Welt, im Lichte,
eines Weibes Staub.

Judenstimmen, die nicht schwiegen,
Mutter, wie es schallt.
Ich erwach in meiner Wiege,
sonnenschwarz umstrahlt[6].

Judenschicksal, die Klage um die tote Mutter: es sind Celans eigenste Motive. Ein Großteil seiner Gedichte ist dem Gedächtnis der toten Juden gewidmet. Wie jenes eine, das diese Überschrift führt (Sch 58), sind sie „Kenotaphe" aus Sprache. Mit der Widmung der „Niemandsrose" ist einer Wahl- und Schicksalsverwandtschaft das Zeichen gesetzt. Dichtertum und Judentum sind darin so eng miteinander verbunden wie in Celans Chiffre der „Mandel" die bittere Frucht mit dem Auge des Juden. Wenn in Celans Gedichten „Mandel" für das steht, „was bitter war", dann wird diese Bitternis unversehens zu einem Attribut auch *des* Dichters, der diese Chiffre des Bitteren in seinem Namen führt.

Mandelstamms Name wird in den Gedichten zweimal genannt, zuerst in:

NACHMITTAG MIT ZIRKUS UND ZITADELLE

In Brest, vor den Flammenringen,
im Zelt, wo der Tiger sprang,
da hört ich dich, Endlichkeit, singen,
da sah ich dich, Mandelstamm.

Der Himmel hing über der Reede,
die Möwe hing über dem Kran.
Das Endliche sang, das Stete, –
du, Kanonenboot, heißt „Baobab".

Ich grüßte die Trikolore
mit einem russischen Wort –
Verloren war Unverloren,
das Herz ein befestigter Ort. (N 59)

Dieses Gedicht bedarf kaum der Deutung. Doch welche Bewandtnis hat es mit dem Kanonenboot, welche Geschichte verbirgt sich hinter seinem Namen, dem afrikanischen Wort für den Affenbrotbaum? Saint-Exupérys Märchenprinz liebt dieses Wort, das Celan wie aus einer Kinder- oder Phantasiesprache in sein Gedicht herüberholt[7]. Die imaginäre Begegnung mit Ossip Mandelstamm geschieht an einem ebenso imaginären Ort. In ihm sind Rußland und Frankreich eins. Die bretonische Stadt Brest mit Hafen, Reede, Kran und Zitadelle wird unversehens zu einem anderen Brest. Die Trikolore wird „mit einem russischen Wort" gegrüßt. Brest in der Bretagne und das weißrussische Brest Litowsk schwimmen ineinander. Mit dem Namen der östlichen Stadt wird zugleich das Land Ossip Mandelstamms ins Gedicht gerufen. Brest ist ein „befestigter Ort" wie das Herz, dem Verlorenes unverlierbar, „Endliches" ein „Stetes" ist. Vor beider Zitadelle liegt das „Kanonenboot" vor Anker: an einem „Nachmittag mit Zirkus und Zitadelle" in einem imaginären Brest irgendwo zwischen Bjelorußland und der Bretagne – im Gedicht.

Die *zweite* Nennung des Mandelstammschen Namens erweist jenes „Personhafte und Wahrnehmbare" der Sprache, von dem Celan in der Büchner-Rede spricht[8]:

Die Silbermünze auf deiner Zunge schmilzt,
sie schmeckt nach Morgen, nach Immer, ein Weg
nach Rußland steigt dir ins Herz,
die karelische Birke
hat
gewartet,
der Name Ossip kommt auf dich zu, du erzählst ihm,
was er schon weiß, er nimmt es, er nimmt es dir ab, mit Händen,
du löst ihm den Arm von der Schulter, den rechten, den linken,

du heftest die deinen an ihre Stelle, mit Händen, mit Fingern,
mit Linien,
– was abriß, wächst wieder zusammen –
da hast du sie, da nimm sie dir, da hast du alle beide,
den Namen, den Namen, die Hand, die Hand,
da nimm sie dir zum Unterpfand,
er nimmt auch das, und du hast
wieder, was dein ist, was sein war, ... (N 82)

Die Begegnung mit dem *Namen* wird zur Begegnung mit der *Person.* Der frühe und der späte Dichter werden identisch. Sie tauschen ihre Glieder, sie tauschen ihre Namen. Es ist die Magie eines sich selber Begegnens im Fremden. Der silberne Obulus des Toten schmilzt auf der Zunge des Nachgeborenen. Tot und lebendig sind eins. –

Wortverbindungen mit „Mandel" kehren wieder in der „Gauner- und Ganovenweise / gesungen zu Paris emprès pontoise / von Paul Celan / aus Czernowitz bei Sadagora". Der archaisierende Titel des Gedichtes wäre François Villons würdig. Doch diese „Ganovenweise" ist eine Judenweise. Fügt Celan dem Namen seiner Geburtsstadt Czernowitz den des galizischen Städtchens Sadagora hinzu, so denkt er schwerlich an geographische Präzisierung. Die Großstadt Czernowitz wird durch diesen Zusatz in einer *geistigen* Landschaft plaziert. Im Namen Sadagoras ist einer langen chassidischen Tradition polnischer Juden gedacht.
Das dem Gedicht vorangestellte Motto *„Manchmal nur, in dunkeln Zeiten"* entlehnt Celan Heinrich Heines Gedicht „An Edom!" Heine teilt es unter dem 25. Oktober 1824 aus Göttingen seinem Freund Moses Moser als „Reflexion" auf die „schmerzliche Lektüre" eine Buches über die Geschichte der Juden mit:

(An Edom!)
Ein Jahrtausend schon und länger
Dulden wir uns brüderlich,
Du, du duldest, daß ich atme,
Daß du rasest, dulde ich.

Manchmal nur, in dunkeln Zeiten,
Ward dir wunderlich zumut',
Und die liebefrommen Tätzchen
Färbtest du mit meinem Blut! ...[9]

Heines Quellenstudium zur Geschichte der Juden stand im Zusammenhang mit den Arbeiten am „Rabbi von Bacherach". Darin läßt er den Juden Jäkel zur Frau des Rabbi sagen: „Ja, schöne Frau, ... einst kommt der Tag, wo der Engel des Todes den Schlächter schlachten wird, und all unser Blut kommt über Edom..."[10] Nach „Esau, der da heißt Edom" (1.Mos.36,1), nennen die Juden ihre Feinde Edom. Die zu Paris, der Stadt Heines, gesungene „Gauner- und Ganovenweise" ist das Lied eines Juden vom Galgen. Czernowitz und Paris sind der Ausgangs- und der Endpunkt des Fluchtwegs eines Galgenvogels „in dunkeln Zeiten". Sprechen Celans Verse von *Judenfleck, Judenbart, Galgen* und *Pest* – Brunnenvergiftungen und Pest sind die klassischen Vorwände für Judenpogrome, und Heine, im „Rabbi von Bacherach", erzählt davon –, so ist im Namen des Edom zuvor bereits der Judenverfolger *aller* Zeiten gedacht.

EINE GAUNER- UND GANOVENWEISE
GESUNGEN ZU PARIS EMPRÈS PONTOISE
VON PAUL CELAN
AUS CZERNOWITZ BEI SADAGORA

Manchmal nur, in dunkeln Zeiten,
Heinrich Heine, An Edom

Damals, als es noch Galgen gab,
da, nicht wahr, gab es
ein Oben.

Wo bleibt mein Bart, Wind, wo
mein Judenfleck, wo
mein Bart, den du raufst?

Krumm war der Weg, den ich ging,
krumm war er, ja,
denn, ja,
er war gerade.

Heia.

Krumm, so wird meine Nase.
Nase.

Und wir zogen auch nach *Friaul.*
Da hätten wir, da hätten wir.
Denn es blühte der Mandelbaum.
Mandelbaum, Bandelmaum.

Mandeltraum, Trandelmaum.

Und auch der Machandelbaum.
Chandelbaum.

Heia.
Aum.

Envoi

Aber,
aber er bäumt sich, der Baum. Er,
auch er
steht gegen
die Pest. (N 27 f.)

Zu fest haben sich uns Bert Brechts Verse von den „finsteren Zeiten" in seinem Gedicht „An die Nachgeborenen" eingeprägt, als daß uns die „dunkeln Zeiten" des Heine-Mottos nicht daran erinnern müßten:

Was sind das für Zeiten, wo
Ein Gespräch über Bäume fast ein Verbrechen ist
Weil es ein Schweigen über so viele Untaten einschließt! [11]

Celans „Ganovenweise" spricht von „so vielen Untaten", *indem* sie von einem Baum spricht: vom Mandelbaum, der ein Judenbaum ist. Ein spielerischer Buchstabentausch gibt ihm seine bitteren Früchte: sie baumeln, sie sind an seine Äste ‚gebandelt', es ist der „Bandelmaum", der „Galgenbaum" (Sp 8). Er „bäumt sich", er steht, wie die Edoms glauben, „gegen/*die Pest*". Einmal gewendet, geht vom Wort „Mandelbaum" eine Art Wiederholungszwang aus, wie ihn Volkssprache und Nonsensgedichte kennen. Dem Klang der Vokale wird nachgehorcht; nur der konsonantische Anlaut der beiden Klangeinheiten „andel" und „aum" unterliegt der Veränderung. In der Deformation des Wortes werden neue Vorstellungsbereiche freigegeben: „Mandeltraum" und das düstere Märchen vom „Machandelbaum", das vom Mord eines Kindes erzählt, vom ahnungslosen Vater, der das Kind ißt, und vom weinenden Marleenken, das die abgegessenen Knochen des kleinen Bruders unter den Machandelbaum trägt. Die Erinnerung an das Märchen der Brüder Grimm ist in dem Wort „Machandelbaum" für immer aufbewahrt [12].

Der Anklang an dieses Märchen mag auf die alte Beschuldigung verweisen, daß „die Juden an ihren Paschafesten Christenkinder schlachteten, um das Blut derselben bei ihren nächtlichen Gottesdiensten zu gebrauchen" [13]. Diese Beschuldigung pflegte Pogromen vorauszugehen, wie jenem, dem, nach Heines Erzählung, der Rabbi von Bacherach nur mit Mühe entging.

*

Judenaug, Judenschicksal, Totengedächtnis und die Wahl- und Schicksalsverwandtschaft mit dem Juden und Dichter aus Petersburg – dies alles, chiffriert in dem Wort „Mandel", fließt in das Gedicht ein, das in der Mitte der Ossip Mandelstamm gewidmeten „Niemandsrose" steht:

MANDORLA

In der Mandel – was steht in der Mandel?
Das Nichts.
Es steht das Nichts in der Mandel.
Da steht es und steht.

Im Nichts – wer steht da? Der König.
Da steht der König, der König.
Da steht er und steht.
Judenlocke, wirst nicht grau.

Und dein Aug – wohin steht dein Auge?
Dein Aug steht der Mandel entgegen.
Dein Aug, dem Nichts stehts entgegen.
Es steht zum König.
So steht es und steht.
Menschenlocke, wirst nicht grau.
Leere Mandel, königsblau. (N 42)

Gegen die Summe der zu zählenden „Mandeln", von denen das frühere Gedicht sprach, steht nun die Einzahl: die Mandel als Gloriole. Sie bietet sich einem Göttlichen dar, umkränzt den Ort seiner Absenz. So ist auch diese Mandel „bitter". Indem ausbleibt, worauf noch jede Gloriole hoffen darf, erfährt „das Nichts" seine Apotheose. Aber wie sich in den voranstehenden Versen des „Psalm" (N 23) das „Nichts" als die Blume des Absurden, als „die Nichts-, die/Niemandsrose" zu blühen anschickt, so steht in dem von der Mandorla umgebenen Nichts „der

König". – In kunstvoll-einfachem Parallelismus ist der zweite Teil des Gedichts dem ersten nachgebildet. Diese Entsprechung findet ihre letzte Rechtfertigung in der latenten Chiffren-Beziehung von „Mandel" und „Aug". Ein Juden-, ein Mandelauge „steht der Mandel entgegen". Als ein Organ des Suchens steht es zugleich „dem Nichts entgegen". Der Akt des Suchens aber ist immer schon die hoffnungsvolle, dem Finden vorauseilende Negation eines Nichts. Das Auge findet, es erkennt „den König" und steht *zu ihm*.

Wer ist dieser König? Wohl gibt das Gedicht an dieser Stelle den Blick auf das traditionelle Bild vom Christus-König im Strahlenkranz frei, aber zugleich entfernt es sich von diesem überlieferten Bilde. *Nichts* birgt die Mandel, doch gewinnt diese Leere (‚stehend') als „*das* Nichts" Personalität. Sogleich wird dieses Nichts im Hohlraum der Mandel zu einem neuen Hohlraum, in dem nun – gleichsam die Negation des Nichts – „der König" erscheint. Der „König" aber wiederholt im Innenraum der Mandel und des Nichts noch einmal die gleiche Verweisung. Denn „König" ist ja kein Name, sondern die Bezeichnung eines Ranges, eines Prinzips. Macht, Wahrheit, Göttlichkeit assoziieren sich diesem Wort, das wie ein Mantel geworfen ist über etwas, das ebensogut ein erneutes Nichts sein könnte. Erst im „Aug", welches das Nichts ausspäht und zum Gesehenen „steht", tritt „der König" als Verkörperung einer Hoffnung, die sich dem „Nichts" entgegenstellt, in eine mystische Präsenz.

Nur in diesem einen Gedicht steht bei Celan das Wort „König". In den vor 1963 veröffentlichten Gedichten erscheint es selbst in abgeleiteten oder zusammengesetzten Wörtern nicht. Nach der Reihenfolge der Gedichte in den späteren Sammlungen kommen in „Die Niemandsrose" und „Atemwende" folgende Komposita vor:

„Königsblut":

> mit Namen, getaucht
> in alle
> Kelche, die vollstehn mit deinem
> Königsblut, Mensch, – in alle
> Kelche der großen
> Ghetto-Rose . . .   (N 69)

„Königsvigilie":

der den Wein seiner Nacht trank, den Wein
der Elends-, der Königs-
vigilie. (N 80)

„Königsgeburten":

und der herz-
förmige Krater
nackt für die Anfänge zeugt,
die Königs-
geburten. (A 25)

„Königsluft":

– du, Königsluft, ans
Pestkreuz genagelte, jetzt
blühst du –, (A 65)

„Weißkönigs-Pier":

überm
Weißkönigs-Pier, den Geheimnissen zu, ... (A 73)

„Königswut":

Königswut, steinmähnig, vorn. (A 77)

Einmal steht das Adjektiv „königlich": „da schnellten die Ruten königlich vor unserm Aug" (A 58). Substantiviert nennt es „alle die mit-/verbrannten" (N 25) Schicksalsgenossen der „Schwestergestalt" (Juden also). In dem Gedicht „Chymisch" wird ihrer gedacht: „Große. Graue. Fährte-/ lose./ König/ liche." (N 26)

All diese Textstellen bleiben den letzten Aufschluß über das Wesen des „Königs" schuldig. Sie versuchen seine Umschreibung. Deutlich wird: Elend und Ghetto gehören ihm zu. Alttestamentlich klingt, daß die „Königsgeburten" die „Anfänge" sind. Dann wieder klingt Christliches an: „der den Wein seiner Nacht trank" mag an die „Elendsvigilie" im Garten Gethsemane erinnern. Die schnellenden „Ruten" könnten den Gedanken an die Folterknechte der Hohepriester nahelegen. Wie in der Christusgestalt sind auch hier Mensch, Jude und König eins: das Menschenblut in der „großen Ghetto-Rose" ist Juden- und „Königsblut". Das, wofür das Wort „König" einsteht, ist als die Frucht zweier Stammbäume, zweier „Wurzeln“ zu denken, deren Namen das Gedicht „Radix, Matrix“ nennt:

(Wurzel.
Wurzel Abrahams. Wurzel Jesse. Niemandes
Wurzel – o
unser.) (N 37)

„Der König“ steht „im Nichts“ als dieses Nichts Blüte. Ebenso geht aus den „Wurzeln“ Jesse und Abraham „niemand“ hervor, und das will heißen: *der* Niemand, der Mensch, in der Sprache des Gedichts: wir selbst („Niemandes / Wurzel – o / unser“). Die „Nichts-, / die Niemandsrose“ des „Psalm“ und die „große Ghettorose“, deren Kelche „vollstehn mit deinem / Königsblut, Mensch“, sind dieselben, wie Mensch und Jude eins und dasselbe sind („die/Menschen- und -Juden“, N 76). Im „König“, den die „Mandorla“ verherrlicht, sind sie identisch. Es ist die Identität ihres „Nichts“-Seins. Im Schlußvers des Gedichts löst sich „der König“ auf in das „Nichts“, in welchem er dennoch zugleich *steht* und welches er *ist*. Die Farbe der Leere in der Mandel ist die Farbe einer leeren Unendlichkeit, die Farbe auch zugleich des Auges, das dieser Leere „entgegensteht“ – das „Königsblau“ des blühenden Nichts.

Die Paradoxie solcherart labiler Identität von „König“ und „Nichts“ gleicht der paradoxen Gleichheit von „niemand“ und „Niemand“. Wenn das Absolute, insofern Menschen es überhaupt erfahren und sprachlich vermitteln können, selber ein Paradoxon ist – gleichviel, welchen Namen man ihm gibt –, wenn es nur als ein solches erfahr- und mitteilbar ist, dann zielt Celans Dichtung, indem sie die Paradoxie zu ihrer bestimmenden Stilfigur erhebt, auf eben dieses Absolute. Wo den Gottesnamen auszusprechen nicht gewagt werden darf, kann dennoch das zum Nomen beförderte Indefinitpronomen „niemand“ für ihn einstehen: als Nomen und freilich als Indefinitpronomen *zugleich:* als der Name nämlich eines Indefiniten. Dies mag für das Wort „König“ in vergleichbarer Weise gelten.

In dem Gedicht „Zürich, zum Storchen“, das Celan der Dichterin Nelly Sachs widmete, stehen die Verse:

Von deinem Gott war die Rede, ich sprach
gegen ihn, ich
ließ das Herz, das ich hatte,
hoffen:
auf
sein höchstes, umröcheltes, sein
haderndes Wort –

Dein Aug sah mir zu, sah hinweg,
dein Mund
sprach sich dem Aug zu, ich hörte:

Wir
wissen ja nicht, weißt du,
wir
wissen ja nicht,
was
gilt. (N 12 f.)

Dieses „Wir wissen ja nicht" ist wohl der letzte Grund, weshalb das „Mandorla"-Gedicht den „König", den es zuvor dem „Nichts" gleichsam abtrotzte, in eben dieses „Nichts" wieder zurücknimmt. Es ist auch der Grund, weshalb das Gedicht die Stelle seiner neuerlichen Nichtexistenz als die Stelle seines Dennoch-Existierens in einer Art messianischer Erwartung mit der „Mandel", der „Mandorla" umkränzt.

Für Celan hat die Dichtung aufgehört, etwas nur Ästhetisches zu sein. Sie ist ihm zum Ort einer Erfahrung geworden, einer Grenzerfahrung. Erfahren wird in ihr das Nichts und das Absolute, beide aber immer *zugleich*, das heißt: in der *Absurdität ihrer Gleichzeitigkeit*. Und diese Absurdität schließt zugleich auch die Absurdität alles Ästhetischen und also auch die der Dichtung ein. Wird das Gedicht aber für Celan zum Ort einer solchen Erfahrung, dann ist die „Mandorla", ist die „leere Mandel" eine Chiffre auch für das Celansche Gedicht selbst.

Eine solche Interpretation des „Mandorla"-Gedichts scheint sich zunächst dem Vorwurf auszusetzen, doch wohl der Spekulation den Vorrang zu geben. Sie kann jedoch am Text des Gedichtes verifiziert werden, genauer gesagt: an dem einen Wort „König". Wie sehr nämlich auch Jüdisches und Christliches in diesem Wort mit- und zusammenklingen: noch ein anderes klingt in ihm an. Dieser Anklang, wenn man ihn einmal bemerkt hat, ist stark genug, dem Wort „König" den Charakter eines Zitats zu geben. Den Tiefsinn dieses Zitats vermag uns erst Celans eigene Interpretation des Zitierten aufzudecken. Vermöge dieser Interpretation aber wird das Zitat-Wort „König" zu einer poetischen Chiffre Celans.

Das Wort steht am Ende des letzten Aktes in Georg Büchners Drama „Dantons Tod": Die Geliebte des geköpften Camilles, das Mädchen Lucile, irrt durch die Straßen. Sie findet auf den nun leeren Richtplatz zurück, zwei Henker säubern die Guillotine. Lucile setzt sich „auf die Stufen der Guillotine". In einem Wahnsinn, der ihr Züge der Shakespeareschen Ophelia verleiht, singt sie das Lied vom Schnitter, der Tod heißt:

> Viel Hunderttausend ungezählt,
> Was nur unter die Sichel fällt.

Eine Patrouille tritt auf. Lucile sitzt „sinnend und wie einen Entschluß fassend" ruft sie „plötzlich": „Es lebe der König!" Die Wache umringt sie, „Im Namen der Republik!" wird sie abgeführt[14].

Über dieses „Es lebe der König!" heißt es in Celans Büchner-Rede: „Nach allen auf der Tribüne (es ist das Blutgerüst) gesprochenen Worten – welch ein Wort!

Es ist das Gegenwort, es ist das Wort, das den ‚Draht' [der Marionetten] zerreißt, das Wort, das sich nicht mehr vor den ‚Eckstehern und Paradegäulen der Geschichte' bückt, es ist ein Akt der Freiheit. Es ist ein Schritt.

Gewiß, es hört sich ... zunächst wie ein Bekenntnis zum ‚ancien régime' an. Aber hier wird ... keiner Monarchie und keinem zu konservierenden Gestern gehuldigt.

Gehuldigt wird hier der für die Gegenwart des Menschlichen zeugenden Majestät des Absurden.

Das ... hat keinen ein für allemal feststehenden Namen, aber ich glaube, es ist ... die Dichtung"[15]. Damit ist das Wort „König" zur Chiffre für die Dichtung erhoben, und das heißt hier: für eine Dichtung auf der Grenze zwischen Sprache und Stummheit: „Sein [Büchners] ‚Es lebe der König!' ist kein Wort mehr, es ist ein furchtbares Verstummen, es verschlägt ihm –

und auch uns – den Atem und das Wort. / Dichtung: das kann eine Atemwende bedeuten."[16]

In der Mandel, in der „das Nichts" steht, und *in diesem Nichts* steht in Celans „Mandorla"-Gedicht „der König", er, den die Büchner-Rede eine für die Gegenwart des Menschlichen zeugende „Majestät des Absurden" nennt. Judenschicksal, und das heißt: exemplarisches *Menschen*schicksal, die Erfahrung des Nichts und die Erfahrung des Absoluten, die Erfahrung vor allem ihrer Gleichzeitigkeit – dies alles, umstrahlt von der „Mandorla", die das Gedicht *selber* ist, wird in der Chiffre „König" in Celans Versen gemeint, gesagt und zugleich auch verschwiegen.

Verbürgt diese „Majestät des Absurden" nun die „Gegenwart des Menschlichen" und ist, wie es am Ende der Büchner-Rede heißt, die Dichtung eine absurde „Unendlichsprechung von lauter Sterblichkeit und Umsonst"[17], so darf Celans Gedicht noch dem Nichtigsten, weil Vergänglichsten, im Zeichen dieses „Königs" eine solche ‚Unendlichkeit' versprechen:

> Menschenlocke, wirst nicht grau.
> Leere Mandel, königsblau.

III.

„EINEM, DER VOR DER TÜR STAND" – ANKLÄNGE AN EINEN JÜDISCHEN MYTHOS

In einigen Gedichten Celans sind Spuren einer Gestalt erkennbar, die kabbalistischer Überlieferung entstammt. Volkstümliche Geschichten des osteuropäischen Judentums hielten sie lebendig. Zu Beginn des 19. Jahrhunderts fand sie Eingang in die deutsche Literatur[1]. Ihre Vermittlung wird Jakob Grimm gedankt. Sie dient Achim von Arnim in seiner Erzählung „Isabella von Ägypten" als phantastisches Requisit seines sich historisch begründen wollenden Antisemitismus[2] und erscheint 1915 in Gustav Meyrinks berühmtem Roman als der genius loci des Prager Juden-Ghettos: die von Menschenhand aus Lehm und Erde geformte und auf magische Weise zu Leben erweckte Gestalt des Golem.

Es sind nur wenige Verse, in denen sich Celan auf den Mythos vom Golem bezieht, und auch bei diesen noch scheint solche Beziehung nicht fraglos sicher. Vom Golem selbst ist nirgendwo in den Gedichten die Rede. Wo Eigenschaften oder Konstellationen begegnen, die auch der jüdischen Überlieferung vom künstlichen Menschen geläufig sind, wird daher die Vorsicht gebieten, die in den Gedichten beobachtete Diskretion nicht vorschnell zu verletzen. Gelänge es freilich, bestimmte Anspielungszusammenhänge wahrscheinlich zu machen, so wäre für ein besseres Verständnis nicht nur jener wenigen Verse manches gewonnen. Wie kaum ein anderes Motiv hat die Golem-Gestalt jahrhundertelang die Phantasie der Juden beschäftigt. Sein Weiterleben in einem lyrischen Werk, das die privaten Erfahrungen seines Dichters untrennbar mit den Erfahrungen des jüdischen Volkes verbindet, müßte der Zufälligkeit enthoben und unserer besonderen Aufmerksamkeit sicher sein.

Gersholm Scholem hat in seiner Abhandlung „Die Vorstellung vom Golem in ihren tellurischen und magischen Beziehungen“ [3] die Golem-Tradition aus ihren Quellen dargestellt. Danach handelt es sich bei den zuerst im gelehrten jüdischen Schrifttum überlieferten Beschreibungen von Golem-Erschaffungen offensichtlich um Anweisungen für „ein ins Ekstatische schlagendes“ [4] Initiationsritual für junge Talmudisten. Rabbi Bacherach und andere haben es aufgezeichnet. In ihren Beschreibungen ist von einer Lebensfähigkeit des Golem noch keine Rede. Doch stehen diesen Berichten andere gegenüber, die von der Lebendigkeit des Golem mit um so größerer Sicherheit sprechen, je volkstümlicher sie ihrem Wesen nach sind. Das Studium des „Buches der Schöpfung“, wird berichtet, setze den in die Geheimnisse Gottes Eingeweihten instand, aus Lehm und Erde vermöge der Kraft des Gottesnamens einen künstlichen Menschen zu erschaffen. „So heißt es im Midrosch, daß Jeremia und Ben Sira einen Menschen durch das Buch Jezira schufen, und auf seiner Stirn stand *'emeth*, Wahrheit, wie der Name, den Er über das Geschöpf als Vollendung seines Tuns gesprochen hatte. Aber jener Mensch radierte das 'aleph aus, um damit zu sagen, Gott allein ist die Wahrheit, und er mußte sterben.“ [5] Scholem weist auf die Parallelität von Golem-Schöpfung und Erschaffung des Adam hin, „von dem wir hier zum erstenmal erfahren, daß auch bei seiner Schöpfung der Name ‚Wahrheit‘ ausgesprochen wurde. ‚Wahrheit‘ nämlich ist nach einem bekannten talmudischen Wort (Schabbath 55 a) das Siegel Gottes, das also hier seinem vornehmsten Geschöpf eingeprägt wird.“ [6] Daß der Golem des Jeremia von sich aus das Siegel löscht, indem er das Aleph im hebräischen Wort für ‚Wahrheit‘ tilgt, wodurch das Wort ‚tot‘ (meth) entsteht, das ihn sogleich zu Staub zerfallen läßt, sei als Warnung vor der Blasphemie der Golem-Erschaffung zu verstehen. Eine „gelungene Golemschöpfung, die nicht nur im Symbolischen sich vollzieht, würde ... den ‚Tod Gottes‘ einleiten!“ [7]

Mit dem Absinken der Golem-Überlieferung in großenteils ungelehrte jüdische Schichten gerät der mystische Zusammenhang der Golem-Erschaffung in Vergessenheit. Im deutschen und polnischen Judentum schlägt die „Golemvorstellung wieder ins Lebendig-Legendäre zurück" [8]. Andere populäre Motive werden mit der Golem-Sage verbunden, so das Motiv des *Doppelgängers* und das Motiv der Zerlegung eines Menschen in seine einzelnen Glieder. Letzteres weist auf die Sagen vom Automaten-Menschen zurück. Aus solcher Überlieferung mag sich die Knechtseigenschaft des Golem erklären, die seiner Gestalt in der Phantasie des Volkes zusätzliche Reize gab [9]. So weiß eine polnische Fama vom 1583 verstorbenen Rabbi von Chelm zu sagen, er habe sich einen Golem als Gehilfen geschaffen.

In allen Quellen ist, nach Scholems Darstellung, die „Gefährlichkeit des Golem wesentlich. Jetzt hat er plötzlich ungeheure Kräfte, er wächst über alles Maß, zerstört gar die Welt, richtet jedenfalls großes Unheil an. Es scheint die Kraft des Gottesnamens zu sein, die ihn zu all dem befähigt. Es ist aber mindestens ebensosehr die von dem Namen in Bewegung gesetzte und aufgerufene Kraft des tellurischen Elements, das, wenn es nicht vom heiligen Namen in Ordnung gehalten und am Ausbruch verhindert wird, hier nun in blindem und zerstörerischem Walten aufsteht." [10] Die Sage vom Golem als dem gefährlichen Famulus ist später vom Rabbiner aus Chelm auf den „Hohen Rabbi Löw" von Prag, eine noch berühmtere Figur der jüdischen Welt, übertragen worden. So erzählt sie schließlich auch Bin Gorion im „Born Judas" [11]. Scholem faßt sie zusammen: Rabbi Löw soll „einen Golem gemacht haben, der zwar die ganze Woche über seinem Herrn bei allen möglichen Arbeiten diente; weil aber alle Kreaturen am Sabbath ruhen, habe der Rabbi vor Eingang des Sabbath den Golem jedesmal durch Wegnahme des belebenden Gottesnamens wieder zu Lehm verwandelt. Einmal jedoch vergaß der Rabbi, den Schem [das Wort „Wahrheit" auf der Stirn] zu entfernen. Die Gemeinde war schon zum Gottesdienste in der Synagoge versammelt, ja hatte schon den Sabbath-Psalm 92 rezitiert, als der Golem mit ungeheuerer Kraft zu toben begann, an den Häusern rüttelte und alles zu vernichten drohte. Rabbi Löw wurde herbeigerufen; die Abenddämmerung war noch nicht vorüber, und der Sabbath hatte noch nicht eigentlich begonnen. Da stürzte er sich dem rasenden Golem entgegen und entriß ihm den Schem, und der Golem zerfiel in Erde. Der Rabbi aber ordnete an, den Sabbath-Psalm ein zweites Mal zu singen, was seitdem eine ständige Einrichtung der Prager ‚Altneuschul' blieb. Der Rabbi aber habe den Golem nicht wieder zum Leben erweckt und seine Reste auf dem Dachboden der uralten Synagoge begraben, wo sie jetzt noch liegen." [12] – Scholem schließt seine Abhandlung mit dem Hinweis auf die Möglichkeit einer Deutung der Golem-Gestalt „als Symbol der Seele wie als eines des jüdischen Volkes selber" [13].

Etwas weitschweifig mußten wir uns hier der wichtigsten Daten einer langen Tradition jüdischer Golem-Vorstellungen versichern. Dieses Referat hätte seinen Zweck erreicht, wenn es dem Leser zugleich ein Gefühl für das geistige „Klima" vermitteln könnte, aus dem heraus die zu betrachtenden Gedichte Celans, wie wir meinen, zu deuten sind.

EINEM, der vor der TÜR STAND, eines
Abends:
ihm
tat ich mein Wort auf –: zum
Kielkropf sah ich ihn trotten, zum
halb-
schürigen, dem
im kotigen Stiefel des Kriegsknechts
geborenen Bruder, dem
mit dem blutigen
Gottes-
gemächt, dem
schilpenden Menschlein.

Rabbi, knirschte ich, Rabbi
Löw:

Diesem
beschneide das Wort,
diesem
schreib das lebendige
Nichts ins Gemüt,
diesem
spreize die zwei
Krüppelfinger zum heil-
bringenden Spruch.
Diesem.

.....

Wirf auch die Abendtür zu, Rabbi.

.....

Reiß die Morgentür auf, Ra——

(N 40 f.)

Wie in der Prager Legende, so ist es auch in Celans Gedicht Abend, als jener Eine „vor der Tür" steht. Wenn der vorletzte Vers vom Rabbi Löw das Zuwerfen „der Abendtür" erfleht, wird man zunächst an diese abendliche Tür denken. Durch die Entgegensetzung einer „Morgentür" erweitert sich ihre Bedeutung über den konkreten Bezug hinaus. Abend und Morgen evozieren eine alte messianische Polarität. Aus ärgster Bedrängnis erhebt sich der Aufschrei nach einer Erlösung, die mehr wäre als nur Erlösung aus dieser einen Situation: „Reiß die Morgentür auf . . ." Ähnliche Wendungen — „reiß den Himmel auf" — kennt auch das christliche Kirchenlied, und vielleicht gar enthalten die Schlußverse des Gedichts einen Anklang an den (Sabbath-)Psalm 92, dessen Gesang in der Legende durch das Erscheinen des Golem unterbrochen wird:

1. Ein Psalmlied auf den Sabbath.
2. Das ist ein köstlich Ding, dem Herrn danken und lobsingen deinen Namen, du Höchster,
3. Des Morgens deine Gnade und des Nachts deine Wahrheit verkünden

.....

8. Die Gottlosen grünen wie das Gras, und die Übeltäter blühen alle, bis sie vertilgt werden immer und ewiglich.

An den achten Psalm-Vers könnte man denken, vielleicht auch an den dritten, der die „Nacht" und die „Wahrheit", den „Morgen" und die „Gnade" Gottes einander zuordnet. Sollte es sich bei der durch die „Abendtür" trottenden Gestalt um einen Golem handeln, so müßte auf seiner Stirn das Wort „Wahrheit" stehen, das der Psalmist in einen Zusammenhang mit „Nacht" stellt. Sind im Psalm „Gnade" und „Morgen" miteinander verbunden, so zielt das Gedicht, indem der, der es spricht, um das

Aufreißen der „Morgentür" bittet, auf die Gnade der Befreiung von einer Gestalt, in der sich alte Angsterfahrungen personifiziert finden. Ob in den Schlußversen des Gedichts aber tatsächlich Anklänge an den Sabbath-Psalm gehört werden dürfen, ist zweifelhaft. Nicht so sehr das Gedicht selbst legt ja nahe, nach etwaigen Übereinstimmungen zu suchen, sondern unsere Kenntnis der Prager Legende.

Wichtig für unsern Versuch, den Eintretenden als Golem-Gestalt zu verstehen, sind die Verse 3 und 4 des Gedichts: „ihm/ tat ich mein Wort auf –."[14] Dieses „Wort" ist es, welches der Rabbi „beschneiden" soll (Vers 7). Damit rückt es in die Nähe jenes magischen Wortes, dem der Golem der Überlieferung sein Leben verdankt. Ob auch der Eintretende erst zu leben begann, als ihm der Sprechende sein „Wort" auftat? Der Wortlaut des Gedichts widerspräche solcher Deutung nicht. Dürfte der Eintretende tatsächlich als das blasphemische Geschöpf eines von ihm nun Geängstigten verstanden werden, so müßten beide durch mehr als nur dieses eine „Wort" aneinander gebunden sein. Vielleicht könnte man an die oben erwähnte Verbindung von Golem und Doppelgänger denken; doch es bliebe bei Spekulationen, denen der Wortlaut des Textes sich verschließt. – Schwierig ist es, die Verse 18 bis 24 einer als Golem zu deutenden Gestalt zuzuordnen. Die Paradoxie des „lebendigen/ Nichts" findet in Versen des „Psalm" (N 23) ihre Entsprechung. (Vgl. S. 53). Die Aufforderung an den Rabbi, dem Eingetretenen das „Nichts ins Gemüt" zu schreiben, käme der Bitte gleich, diesen auszulöschen. Dem steht das Beiwort „lebendig" entgegen. Die zum „heil-/ bringenden Spruch" zu spreizenden „Krüppelfinger" könnten die Schrecklichkeit der Gestalt in ihr Gegenteil wenden.

Die Golem-Überlieferung kennt das Motiv des gemeinsamen Todes von Golem und Golem-Schöpfer. Es lockt, das nicht zu Ende gesprochene Wort „Rabbi" in diesem Sinne zu interpretieren. Das Gedicht endet mit einer ‚Wortbeschneidung', ähnlich der, um welche Vers 17 bittet. Das Wortfragment „Ra-" deutet ein Verstummen an. Es könnte ein tödliches Verstummen sein, hätte Rabbi Löw der von uns als Golem gedeuteten Gestalt jenes ihm aufgetane Wort ‚beschnitten' und wären dadurch der Golem und der durch dieses Wort an ihn Gebundene gleichsam als *eine* Person (Doppelgänger-Motiv) ausgelöscht worden. Man wird gegen solchen Deutungsversuch einwenden, er setze Informationen voraus, die das Gedicht selbst nicht gibt. Dieser Einwand wäre freilich gegen jeden Versuch, esoterische Dichtung zu deuten, zu erheben. Man mag sich indes fragen, ob es solcher von außen bezogenen Informationen überhaupt bedürfe. Auch ohne Vorwissen bleibt wohl einem Geschehen, dem nur das Aufreißen einer „Morgentür" ein Ende zu setzen vermag, seine Unheimlichkeit. Spätestens die Anrufung des Prager Rabbiners weist freilich in Richtung der Golem-Überlieferung. Ohne deren Kenntnis scheint das Gedicht nicht verstehbar. Nicht jeder seiner dunklen Verse wird sich erklären lassen; bleiben wird jener Rest von Unauflösbarem, ohne den das Gedicht sich in seinem Rätselcharakter erfüllte.

So wird auch die unheimliche Beziehung zwischen dem Eintretenden und dem „im kotigen Stiefel des Kriegsknechts/ geborenen Bruder" kaum klarer, wenn man die Bedeutung des Wortes „Kielkropf" erkannt hat. Vielleicht beruht ein Teil der Unheimlichkeit gerade auf dieser Dunkelheit des Gemeinten. Doch ohne dieses Wissen bleibt dem Leser der mit dem Wort „Kielkropf" evozierte Bereich des Volksaberglaubens vom Wechselbalg verschlossen. Das Wort hat Seltenheitswert. Wer die kleine Mühe des Nachschlagens auf sich nimmt, erfährt: Der Kielkropf wird von Erdgeistern, Kobolden und Hexen anstelle eines Neugeborenen untergelegt. Er ist kleiner als ein Mensch gleichen Alters (Celan sagt „Menschlein"). Er bleibt meist ohne Sprache, vermag nur Laute von sich zu geben (Celan nennt ihn „schilpend"). Er ist bösartig, häßlich, ungestalt. Er wird durch magische Zeugung geschaffen und ist ohne Seele [15]. In beidem, wie in seiner Sprachlosigkeit, gleicht er dem Golem der Überlieferung. Bedenkt man dies alles und die in den Legenden immer wiederkehrende Betonung des tellurischen Elements im Golem, so erkennt man die Zusammenführung einer zumindest als Golem *interpretierbaren* Gestalt mit dem Kielkropf als die Verbindung zweier magischer Gestalten von vergleichbarer Unheimlichkeit. Der Volksaberglaube selbst scheint von solcher Verbindung nicht

zu wissen; die Koppelung beider Sagen geschähe demnach erstmals in diesem Gedicht.
Solche vergleichsweise deutliche Beziehung auf den Golem-Mythos, ja wohl gar auf die Gestalt des künstlichen Menschen selbst, findet sich in Celans Dichtung nicht wieder. In einigen Versen treten dagegen Motive auf, deren Interpretation im Hinblick auf die Golem-Überlieferung immerhin möglich scheint. So begegnet in Versen des Gedichts „In Prag" (A 59), dessen Titel wohl auch die Erinnerung an den Rabbi Löw und seine Magie wecken könnte, das Motiv des dem Golem zugeschriebenen ungeheuren Wachstums:

In Prag

Der halbe Tod,
großgesäugt mit unserm Leben,
lag aschenbildwahr um uns her –

auch wir
tranken noch immer, seelenverkreuzt, zwei Degen,
an Himmelssteine genäht, wortblutgeboren
im Nachtbett,

größer und größer
wuchsen wir durcheinander, es gab
keinen Namen mehr für
das, was uns trieb (einer der Wieviel-
unddreißig
war mein lebendiger Schatten,
der die Wahnstiege hochklomm zu dir?),

ein Turm,
baute der Halbe sich ins Wohin,
ein Hradschin
aus lauter Goldmacher-Nein,

Knochen-Hebräisch,
zu Sperma zermahlen,
rann durch die Sanduhr,
die wir durchschwammen, zwei Träume jetzt, läutend
wider die Zeit, auf den Plätzen.

Bei Worten wie „aschenbildwahr" oder „wortblutgeboren/ im Nachtbett" wird man sich fragen, ob nicht auch hier Anklänge gehört werden dürfen. Der „halbe Tod ... aschenbildwahr" mag die im Gedächtnis lebendigen Toten, die in KZ-Öfen eingeäscherten Juden meinen. Was da „großgesäugt" ist „mit unserm Leben", gleichviel ob es aus Asche ‚gebildet' wurde oder ob es *noch als Asche* das Bild der Verbrannten bewahrt, steht in nicht weitem Abstand auch zu jenem halb toten, halb lebendigen, aus dem Staube geformten und in den Staub zurückfallenden ‚Bilde', das nach der Überlieferung in einer Erdsenke nachts („Nachtbett"?) nach Menschengestalt geformt und vermöge des Gottesworts ‚geboren' wurde. (An ähnliche Magie erinnert das zu „Sperma" zermahlene „Knochen-Hebräisch".)

Auch aus Versen, die von „Gegengeschöpfen", „Abbild und Nachbild" sprechen — der Golem ist beides —, ließe ein Anklang, ein wie schwacher auch immer, sich vernehmen (A 25). — Deutlicher aber korrespondieren Verse aus dem Gedicht „Hafen" mit der Golem-Überlieferung: „schwammen wir, Nacktnackte, schwammen,/ den Abgrundvers auf/ brandroter Stirn —" (A 47 f.). — Die Bemerkung solcher Korrespondenzen vermag zur Erhellung der einzelnen Gedichte wenig beizutragen. Aber es scheint der Zusammenhang bestimmter Formulierungen Celans mit jüdischer Überlieferung für sich allein schon des Festhaltens wert. Er verliert auch dadurch nicht an Bedeutung, daß die Absichtlichkeit solcher Übereinstimmungen fraglich bleibt. Je deutlicher die dem Dichter vielleicht nicht bewußte Affinität bestimmter Bilder zum jüdischen Mythos vom Golem ist, um so erkenntlicher wird die Herkunft dieser Dichtung nicht allein aus der Erfahrung privaten und geschichtlichen Judenleids, sondern aus der jüdischen Vorstellungswelt überhaupt. Der auf „brandroter Stirn" lesbare „Abgrundvers" läßt an das Wort „Wahrheit" auf der Stirn des Golem denken. In einem andern Abgrund, „Tief/ in der Zeitenschrunde", so weiß ein späteres Gedicht (A 27), wartet die Wahrheit als „Atemkristall" des Absoluten[16]. Von diesen jüngeren Formulierungen her könnte in dem Wort „Abgrundvers" ein Verweis auf den jüdischen Gottesnamen vernommen werden, auf *das* Wort also, welches, auf die Stirn geschrieben, das aus Staub geformte Menschen-Abbild zum Golem erhebt.

*

Auf den Schöpfungs-Mythos, aber mit ihm zugleich doch wohl auch auf den Mythos des von Menschen erschaffenen Menschen, scheinen die Eingangsverse des „Psalm" (N 23) sich zu beziehen:

> Niemand knetet uns wieder aus Erde und Lehm,
> niemand bespricht unsern Staub.
> Niemand.
>
> Gelobt seist du, Niemand.
> Dir zulieb wollen
> wir blühn.
> Dir
> entgegen.
>
> Ein Nichts
> waren wir, sind wir, werden
> wir bleiben, blühend:
> die Nichts-, die
> Niemandsrose.
>
> (. . . . .)

Wer alles ist in das „wir" einbegriffen, das durch den Mund des späten Psalmisten Stimme gewinnt? Es liegt nahe, wie Peter Paul Schwarz in seiner „Psalm"-Interpretation tut, sich das Gedicht aus der „Perspektive der jüdischen Toten" gesprochen zu denken. Damit hätte sich der „herkömmliche Standort des Psalmisten" in einer entscheidenden Weise verschoben. Es wäre „aus der Klage um die Toten eine Klage, die die Toten selbst führen", geworden. In der Konsequenz eines solchen Verständnisses läge es dann, im „Psalm" ein „Rollengedicht" zu erkennen[17]. Der Sprecher des Gedichts, indem er „wir" sagt, führte die Sprache der Toten. Der „Psalm" selbst rechtfertigt solch einseitige Deutung nicht. Die erste Strophe als eine Klage allein der Toten um die „Unwiederbringlichkeit ihrer irdischen Existenz, die man ihnen genommen hat"[18], zu verstehen, wird dem Text nur halb gerecht. Auch den Lebenden ziemt solche Klage. Schwarz' gleiche Deutung der dritten Strophe einzig im Hinblick auf die Toten trifft ebenfalls nur halb das Richtige. Denn mögen die Toten auch „ihr Nicht-Sein in Vergangenheit, Gegenwart und Zukunft"[19] beklagen, so waren sie doch in der Vergangenheit eben das, was die ihnen künftig Gleichenden in der Gegenwart *sind.* Zeichnet aber die Lebenden wie die Toten das gleiche Nicht-

Sein aus, so „blühen" beide *gemeinsam* als „Nichts-", als „Niemandsrose". Es scheint, als bekräftigten die Eingangsverse die Einmaligkeit der Menschen-Schöpfung aus Erde und Lehm. Sie behaupten indes zugleich, durch die Steigerung des „niemand" zur Person, das Gegenteil. Diese Verwandlung eines Pronomens zum Nomen ist in dem früheren Gedicht „Zähle die Mandeln" bereits angelegt. (Vgl. S. 29 f.) In einem Vers aus dem ersten Gedicht der „Niemandsrose" ist sie beinahe vollzogen:

> O einer, o keiner, o niemand, o du:
> Wohin gings, da's nirgendhin ging? (N 9)[20]

Im „Psalm" nun geschieht endgültig die Erhebung des „niemand" zum „Niemand". Und dieses Wort steht auch zugleich ein für den im Judentum ohnehin nur umschreibbaren Gottesnamen. In der Verneinung einer Wiedererschaffung aus Erde und Lehm erscheint im selben Augenblick auch die *Negation* dieser Verneinung als Gewißheit: Die Schöpfung könnte noch einmal von neuem anheben. Gestalt würde dann zum zweiten Male geformt, Staub noch einmal besprochen[21]. Der es vermag, ist der „Niemand". In ähnlicher Weise soll Rabbi Löw seinen Golem nach jedem Sabbath aufs neue erweckt haben.

Zwischen „Niemand" und „Nichts" besteht einerseits die alte Korrelation Schöpfer-Geschöpf wie zwischen Gott und Mensch, zugleich aber entfällt deren ontologische Differenz. Beide, „Niemand" und „Nichts", Geschöpf und Schöpfer, gleichen sich in ihrer Nichtigkeit. So kommt es zu jenem „eigenartigen Zwielicht von Blasphemie und Frömmigkeit"[22], in welchem der „Psalm" zugleich als Psalm-Parodie erscheint. Die Paradoxie des „Niemand", einer und keiner zu sein, wiederholt sich in seinen Geschöpfen. Sie sind „ein Nichts" und leben dennoch; sie blühen, doch als die Rose der Nicht-Existenz.
Von dieser Paradoxie des Nicht-Seins und Dennoch-Lebens, vom Totsein der Lebenden[23] und der lebendigsten Gegenwart der Toten, von der Trennung beider und der dennoch verrückbaren Grenze zwischen ihnen weiß Celans Dichtung von ihren Anfängen an. Gerade dies ist die in ihr erscheinende *condition humaine.* Daß solche Vorstellung sich aus jüngster jüdischer

Schicksals-Erfahrung versteht, ist offenkundig [24]. Weniger offenkundig ist die Weise, in der sie sich dabei an Motive des jüdischen Golem-Mythos anschließt – aber doch deutlich genug. Wann immer in diesem lyrischen Werk das in der Tiefe zu ertauchende oder auf dem Grund einer leerzuschöpfenden Finsternis (Sp 25) zu findende „Wort" umworben wird, scheint am sprechenden Ich, an seinem Du, ja an Celans Dichtung selbst eine heimliche Analogie zur mythischen Schicksalsgestalt des sprachelosen Golem auf, dem „Wahrheit" und „tot" in einem und demselben Wort auf der Stirne stehn.

IV.

ESOTERIK UND POLITISCHES ENGAGEMENT

Zu unterscheiden ist die Modernität eines Gedichtes von dessen Aktualität. Selten fallen beide zusammen; in idealtypischer Ausprägung sind sie einander konträr. Modernität ist eine ästhetische Kategorie, Aktualität eine gesellschaftliche. Innerhalb des von Hugo Friedrich[1] beschriebenen Traditionszusammenhanges moderner Poesie seit Baudelaire sind Modernität und Dunkelheit der Dichtung nahezu Wechselbegriffe. Je geringfügiger der Mitteilungscharakter einer Dichtersprache, desto ‚moderner' das Gedicht. Damit stellt Modernität sich zugleich als ein Kriterium poetischer Eigentümlichkeiten dar. Nach einer solchen Bestimmung wäre es dem ‚modernen' Gedicht per definitionem verwehrt, aktuell zu sein. Aktualität nämlich meint bestimmte Inhalte, ja die mehr oder minder deutlich intendierten *Zwecke* einer Dichtung. Ihre Voraussetzung ist der weitgehende Verzicht auf ein poetisches Sonderidiom zugunsten der Mitteilungssprache. Dem Zuwachs eines Gedichts an Aktualität entspräche somit ein gleichgroßer Verlust an poetischer Eigentümlichkeit, womit sich, streng genommen, der Begriff „politische Dichtung" als ein Oxymoron erweist. Die vollständige Entaktualisierung der in diesem Sinne ‚modernen' Poesie, zu sehen auf dem Hintergrund einer in Deutschland schon zu Herders Zeit sprichwörtlichen Diffamation alles Politischen, nicht nur im ästhetischen Bereich[2], hätte so ihre späte, nun auch poetologische „Rechtfertigung" gefunden.

Dennoch lehrt ein Gedicht wie Celans „Todesfuge", daß Modernität und Aktualität in einem poetischen Gebilde, das diesen Namen verdient, einander völlig durchdringen, ja identisch werden können[3]. Vielleicht bedarf es einer „Stunde null", um das Oxymoron „politische Dichtung" wirklich gelingen zu lassen. Nach der Kühnheit ihrer Bilder und der kunstvollen, quasi kontrapunktischen Verwobenheit ihrer Motive ist die „Todesfuge" ganz sicher ein ‚modernes' Gedicht; nach ihrem ‚cantus firmus' ist sie das aktuellste[4], das im Jahre 1945 geschrieben werden konnte. Die Vernichtung von Millionen Juden ist ein menschheitsgeschichtliches, mithin politisches Datum. Trotzdem wird man zögern, dieses Gedicht ein politisches zu nennen. Ihm fehlt jenes aktivistische Element, welches Dichtung erst zu einem Instrument des politischen Tageskampfes macht[6]. Doch angesichts eines solchen Gedichts erscheint der Begriff „politische Dichtung" als zu eng. Was die „Todesfuge" von solcherart Dichtung scheidet, ist die bisweilen unkenntliche Linie, welche Klage von Anklage trennt. Keine Anklage würde der Opfer von Auschwitz gerecht; im Maß der *Klage* nur ist jedes mögliche Maß auch des Anklagens enthalten. In diesem besonderen Sinn aber ist die „Todesfuge" fraglos ein politisches Gedicht. Persönlich erlittenes Judenschicksal, Ghetto, Verfolgung und die Vernichtung der Familie des Dichters werden als Teil des Schicksals des jüdischen Volkes begriffen. Privatheit und Universalität dieser Totenklage sind untrennbar; historische sind zugleich biographische Daten. Nur in einer solchen Vermittlung (wie gezeigt werden soll) können Daten der Zeitgeschichte in Celans Dichtung eingehen, ohne daß das Gedicht als Gedicht Schaden erleidet. Wo diese Vermittlung gelingt, ereignet sich der Sonderfall einer so aktuellen wie esoterischen Lyrik. Schreibt Celans Dichtung sich insgesamt von jenem im Gedächtnis ständig erneuerten Judenleid her, so trägt letztlich jedes seiner Gedichte das heimliche Siegel einer in solcher Weise vermittelten Aktualität.

Diese Beziehung der Gedichte Celans auf jüdisches Schicksal bedarf kaum besonderer poetischer Signale; sie ist in den Metaphern des Leids und des Todes gleichsam vorgegeben. Ohne diesen Bezug ist Celans Lyrik nicht denkbar. Der Leser vermag ihn ohne besondere Information seitens des Dichters nachzuvollziehen. Treten andere Bezüge auf, so ist freilich einer besonderen Information nicht zu entraten. Die Art solcher Information zeigt, wie Celans Lyrik ihrer auf Dunkelheit zielenden Struktur in der Regel treu bleibt: die Information tritt als Chiffre auf. Diese signalisiert ein Ereignis, das sie zugleich jedoch als bekannt voraussetzt. Dadurch wird die Dunkelheit des Gedichts zu einer Funktion der in ihm chiffriert enthaltenen Daten.

*

SCHIBBOLETH

Mitsamt meinen Steinen,
den großgeweinten
hinter den Gittern,

schleiften sie mich
in die Mitte des Marktes,
dorthin,
wo die Fahne sich aufrollt, der ich
keinerlei Eid schwor.

Flöte,
Doppelflöte der Nacht:
denke der dunklen
Zwillingsröte
in Wien und Madrid.

Setz deine Fahne auf Halbmast,
Erinnrung.
Auf Halbmast
für heute und immer.

Herz:
gib dich auch hier zu erkennen,
hier, in der Mitte des Marktes.
Ruf's, das Schibboleth, hinaus
in die Fremde der Heimat:
Februar. No pasaran.

Einhorn:
du weißt um die Steine,
du weißt um die Wasser,
komm,
ich führ dich hinweg
zu den Stimmen
von Estremadura. (Sch 55 f.)

Genaue Ortsangaben – Wien, Madrid, Estremadura – legen einen geschichtlichen Bezug des Gedichts nahe. In welchem Verhältnis hier Wien und Madrid auch zueinander stehen mögen, die dunkle Röte, die sie zwillingshaft verbindet, deutet auf unheilvolles Geschehen, („Dunkel" ist das bestimmende Adjektiv in diesem Gedicht.) Die auf Halbmast gesetzte Fahne der Erinnerung weist dieses Geschehen als ein vergangenes, im Gedächtnis „heute und immer" gegenwärtiges aus. Vage und präzise zugleich scheint die Zeitangabe „Februar". Erst „no pasaran" (= sie werden nicht durchkommen) gibt ihr einige historische Bestimmtheit. „No pasaran" war der Kampfruf der Republikaner und der Internationalen Brigaden im spanischen Bürgerkrieg (1936–1939). Ursprünglich Losungswort der französischen Soldaten bei Verdun, wurde es durch die spanische Kommunistenführerin Dolores Ibarruri, genannt La Pasionaria, zur Parole der Kämpfer gegen die spanische Reaktion. Der den Bürgerkrieg auslösende Aufstand der Militärs im Juli 1936 erfolgte nach dem Wahlsieg der spanischen Volksfront im Februar des gleichen Jahres. Der Name der Provinz Estremadura erinnert an erbitterte Kämpfe: nach dem Fall Andalusiens stießen die Truppen der Falange unter Franco durch Estremadura nach Kastilien vor. Der dort Gefallenen gedenkt Celans Gedicht als der „Stimmen/ von Estremadura". Im März 1939 fiel Madrid durch Verrat.

Fast synchron mit den spanischen Ereignissen vollzog sich der Zusammenbruch der *Österreichischen* Republik. Gegen das Verbot der Sozialdemokratie und des „Republikanischen Schutzbundes" durch die Regierung Dollfuß erging im Februar 1934 der Aufruf zu Generalstreik und bewaffnetem Aufstand. Die Niederlage gegen die regulären Truppen der Wiener Regierung war blutig. Ein nationalsozialistischer Putschversuch führte im Juli desselben Jahres zur Ermordung des Kanzlers Dollfuß. Seitdem befand sich Österreich in latenter Bürgerkriegssituation. Dem Berchtesgadener Gespräch Hitlers mit Schuschnigg vom Februar 1938 folgte wenige Wochen darauf der Einmarsch deutscher Truppen in Wien.

Der Koinzidenz dieser Ereignisse – doppelt vergebliches „no pasaran" – sind in Celans Gedicht die Zeichen gesetzt: Doppelflöte der Nacht, Zwillingsröte in Wien und Madrid, Februar, no pasaran, Estremadura. Es sind so verstehbare als schwer verständliche Zeichen: Informationspartikeln, ganz der Struktur des Gedichts eingefügt, und doch zugleich Leuchtpfeile, die aus der Dunkelheit der Metaphern herausführen.

Die im Herbst 1954 geschriebenen Verse sind Verse des Gedenkens. Doch das Gedicht greift durch die Daten jüngst vergangener Geschichte hindurch in noch tiefere Vergangenheitsschichten. Solchem Erinnern sind Wien und Madrid zugleich auch die Metropolen des verfallenen Habsburger Weltreichs, in dem die Sonne nicht unterging: eine ironische Geschichtsreminiszenz. Wien und Madrid, nun Walstätten der Freiheit: „Zwillingsröte", an beiden Orten abendlich, blutig. Im Wort „Schibboleth" gar greift die Erinnerung bis in biblische Vorzeit zurück (Buch der Richter 12,6). In ihm ist des Sieges der Gileaditer über die Ephraimiter am Jordan gedacht; Schibboleth (= Ähre) war ihr Erkennungswort. Aber damit ist mehr als nur ein hebräisches Wort ins Gedicht eingebracht. In der Erinnerungssynthese des Juden werden „Schibboleth" und „no parasan" eins. Die „dunkle/ Zwillingsröte/ in Wien und Madrid" ging der Nacht des Faschismus voraus, die das europäische Judentum fast vollständig vernichten sollte.

Der hier „ich" sagt, erlebt zugleich sich selber erinnernd als das Objekt von Brutalität[6]. Der Fahne seines Feindes verweigert er „in der Mitte des Marktes" den Eid. In der gleichen „Mitte des Marktes" aber hißt seine Erinnerung nun eine andere Fahne, die Fahne der Trauer. Vor ihr gibt sich das Herz des Geschändeten, dem die Heimat zur Fremde ward, mit einem spanischen Schibboleth „zu erkennen". In einer Klimax vierfacher Anrufungen entfaltet sich das Gedicht. Schließlich werden Wien und Madrid (Str. 3), die Fahne des Feindes und die Fahne der Erinnerung (Str. 4), Judenschicksal und Schicksal der Spanienkämpfer (Str. 4) eins im Zeichen des „Einhorns". Dieses Geschöpf alter mythenfindender Einbildungskraft steht als Symbol des Gedichtes selbst: Es weiß um die Steine, „die großgeweinten", es weiß „um die Wasser". Geführt von dem, der hier „ich" sagt, geht es den Weg zu den Toten.[7]

*

Die gleiche Synthese zum Teil identischer zeitgeschichtlicher Daten wiederholt ein späteres Gedicht Celans. Seine erste Strophe rekurriert auf Verse des „Schibboleth". In seinem Titel klingt das Motiv des „Einhorns" nach:

In eins

Dreizehnter Feber. Im Herzmund
erwachtes Schibboleth. Mit dir,
Peuple
de Paris. *No pasarán.*

Schäfchen zur Linken: er, Abadias,
der Greis aus Huesca, kam mit den Hunden
über das Feld, im Exil
stand weiß eine Wolke
menschlichen Adels, er sprach
uns das Wort in die Hand, das wir brauchten, es war
Hirten-Spanisch, darin,

im Eislicht des Kreuzers „Aurora":
die Bruderhand, winkend mit der
von den wortgroßen Augen
genommenen Binde – Petropolis, der
Unvergessenen Wanderstadt lag
auch dir toskanisch zu Herzen.

Friede den Hütten! (N 68)

Das Datum „Dreizehnter Feber" scheint die vagere Zeitangabe des früheren Gedichtes zu präzisieren. Seine Bedeutung wird sich dennoch kaum erschließen lassen. Weder die spanische noch die französische, die österreichische oder die russische Geschichte weisen einen 13. Februar, soviel ich sehe, als besonderen Tag aus. (Man könnte an die russische Februar-Revolution denken; der Name des Petersburger Kreuzers legt es nahe.) In Spanien tritt Anfang Februar 1938 die Schlacht bei Teruell, die mit der Niederlage der Republikaner endet, in ihr entscheidendes Stadium. (Treffen Hitler–Schuschnigg: 12. Februar 1938.)
Vielleicht aber ist dieser „Dreizehnte Feber" das Datum einer wirklichen Begegnung mit jenem Mann aus Huesca? Celan schreibt in seiner Darmstädter Rede, sich auf den Anfang des Büchnerschen „Lenz" beziehend: „Vielleicht darf man sagen, daß jedem Gedicht sein ‚20. Jänner' eingeschrieben steht? Vielleicht

ist das Neue an den Gedichten, die heute geschrieben werden, gerade dies: daß hier am deutlichsten versucht wird, solcher Daten eingedenk zu bleiben?" Und: „... vor einem Jahr, in Erinnerung an eine versäumte Begegnung im Engadin, brachte ich eine kleine Geschichte zu Papier, in der ich einen Menschen ‚wie Lenz' durchs Gebirg gehen ließ. Ich hatte mich, ..., von einem ‚20. Jänner', von meinem ‚20. Jänner', hergeschrieben."[7] Als solch ein „20. Jänner" darf dieser „Dreizehnte Feber" gewiß verstanden werden. Celans Gebrauch der mundartlichen Form des Wortes Februar könnte sich dann aus der Erinnerung an das Datum der „Lenz"-Erzählung erklären lassen. Zugleich scheint in dem im Südostdeutschen gebräuchlichen Wort eine Erinnerung an Wien wachgehalten. Liest man den kursiv gedruckten Schlußvers als Zitat aus der Einleitung des „Hessischen Landboten", so beginnt und schließt das Gedicht mit je einer Reminiszenz an Georg Büchner.

„Im Herzmund/ erwachtes Schibboleth" bleibt ganz der Metaphorik der fünften Strophe des Gedichts aus „Von Schwelle zu Schwelle" verhaftet („Herz:/ ... Ruf's das Schibboleth ..."). (Vgl. S. 16 f.) Das „no pasaran", das im Mund des Herzens überdauernd schlief, erwacht ins Gedächtnis. In der Wendung „Mit dir/ Peuple/ de Paris" schwingen mehrfache Erinnerungen: Während des Bürgerkriegs fanden leidenschaftliche Sympathiekundgebungen der Pariser Arbeiterschaft für die spanische Republik statt. Ilja Ehrenburg und andere berichten davon. In Spanien, so schien es, wiederholte sich ein Stück der Geschichte nicht nur des französischen Proletariats. Nirgendwann war die Erinnerung an die aus Wahlen hervorgegangene, von der Reaktion niedergeschlagene Pariser Kommune von 1871 so lebendig wie in den Jahren des spanischen Krieges.

Der in der zweiten Strophe gegebene Bericht führt aus der Vergangenheit der Geschichte in eine nähere Vergangenheit des sich Erinnernden. Die Begegnung zeigt idyllische Züge: Kontrast-Idyllik. Unverhofft folgt auf den Schlachtruf „no pasaran" der Diminutiv „Schäfchen". Der Schäfer: ein Greis im Exil. Eine weiße Glorie „menschlichen Adels" umgibt ihn. Seine Heimat ist die spanische Stadt Huesca, heiß umkämpft und fast völlig zerstört während des Bürgerkriegs. Man denke an die Verse des Andreas Gryphius:

> Wo itzt die Städte stehn so herrlich, hoch und fein,
> Da wird in kurtzem gehn ein Hirt mit seinen Herden[8].

, um ganz den Kontrast zu erfahren, in dem das archaische Bild des greisen Schäfers zum Namen seiner Heimatstadt steht. In seinem Namen treten, wie in Schibboleth = „no pasaran", Jüdisches und Spanisches ineinander. Der arragonische Hirte heißt wie der jüdische Prophet Abadias[9] (dt. Knecht Jahwes), der den Untergang der Erzfeinde der Juden, der Edomiter, und die Errettung der Kinder Israels prophezeite. Das Wort, das hier denen, die seiner bedürfen, „in die Hand" gesprochen wird — in gleicher Weise auf ein Zweifaches gerichtet wie die biblische Prophetie —, ist „Hirten-Spanisch". Der es spricht, geht dem friedlichsten Berufe nach, doch er war zuvor Kämpfer für ein freies Spanien. (Weshalb sonst lebte er „im Exil".) Es ist ein friedfertiges Schibboleth: *„Friede den Hütten!"* Für das, was es verschweigt und doch zugleich durch die Person des Mannes aus Huesca mitenthält, ist „no pasaran" nur eine andere Übersetzung, nämlich „Krieg den Palästen!". Beides zusammen steht im „Hessischen Landboten" Büchners. Als „Guerre aux châteaux! Paix aux chaumières!" war es die Parole (Schibboleth) der Soldaten der Französischen Revolution, die Eidesformel der Jakobiner. In diesem Geiste starben die Pariser Kommunarden von 1871; der Sturm auf das Winter-Palais, den die Schüsse des Kreuzers „Aurora" signalisierten, stand unter dieser Losung. All dies faßt das ‚hirten-spanische' Wort, welches sein „Krieg den Palästen" = „no pasaran" nicht vergißt, nur milde verschweigt, zusammen.

Mit dem Namen des historischen Petersburger Kreuzers sind zugleich jene „Unvergessenen" vor den Erinnerungshorizont des Gedichts getreten, deren Namen ausgespart bleiben. Wer mögen sie sein? Man wird an die russischen Dichter Block, Mandelstamm und Jessinin denken dürfen. Der vereinsamte Alexander Block starb 1921 in Petersburg; Jessinin setzte hier seinem Leben 1925 gewaltsam ein Ende; hier lebte Ossip Mandelstamm, dem die

Gedichte der „Niemandsrose“ gewidmet sind. Alle drei hat Celan ins Deutsche übersetzt. Die Latinisierung des Namens Petersburg findet sich auch in Mandelstamms Gedicht „Tristia“: „Petropolis, diaphan . . .“ [10] Das Wort des Hirten legt die „Wanderstadt“ dieser Unvergessenen einem Du, dem das Gedicht an seinem Ende sich zuspricht, „toskanisch“ ans Herz.

Das Gedicht suggeriert eine Genauigkeit des Gemeinten, die kaum anders als mutmaßend nachvollzogen werden kann. Diese Spannung von suggerierter Eindeutigkeit und allein apperzipierbarer Vagheit bestimmt das Erlebnis des Lesers. Zeitgeschichtliche Daten geben sich ihm als nur mühsam, falls überhaupt hintergehbare poetische Chiffren zu erkennen. Dieser Chiffren-Charakter der dem Leser gegebenen Informationen (oder: Informations-Gestus der poetischen Chiffren) bezeichnet die Grenze der Interpretierbarkeit dieses Gedichts. Der Versuch, die Daten, von denen es sich ‚herschreibt‘, und die, welche es in sich aufnahm, in einem System oder auch nur in einer Kette subjektiver Assoziationen aufgehen zu lassen, verfehlt seine Intention. Der im Gedicht geleisteten Synthese läuft unsere Analyse seiner Erlebnis- und Erinnerungselemente zuwider. Nur in seiner Struktur ist diese Synthese verbürgt. Eine andere Möglichkeit der „In-eins“-Setzung des hier Erinnerten ist nicht vorstellbar. Die Aktualität der hereingeholten zeitgeschichtlichen Daten bleibt eine der Erinnerung. Als Zitat verharrt das Schibboleth *„Friede den Hütten!“* im Bereich der historischen Reminiszenzen; als in die Gegenwart gesprochenes Bekenntnis erscheint seine Aktualität somit in metaphorischer Brechung. Dennoch ist das Ausrufezeichen am Ende des Gedichts mehr als nur Bestandteil der zitierten Devise.

„– ach, die Kunst“, heißt es in der Büchner-Rede: „Man kann, ich bin mir dessen durchaus bewußt, dieses Wort so oder so lesen, man kann verschiedene Akzente setzen: den Akut des Heutigen, den Gravis des Historischen – auch Literaturhistorischen –, den Zirkumflex – ein Dehnungszeichen – des Ewigen./ Ich setze – mir bleibt keine andere Wahl –, ich setzte den Akut.“[11] Das darf für dieses Gedicht wie für seinen Schlußvers gelten, nur: alle diese „Akzente" sind hier *zugleich* gesetzt und „In eins".

*

Tatsächlich bezeichnen Gegenwart („Akut"), Geschichte („Gravis") und Transzendenz („Zirkumflex ... des Ewigen") die Hauptbezugspunkte der Lyrik Celans. Daß sie auf der mit den Gedichten der „Atemwende" erreichten Entwicklungsstufe in einer bisher in dieser Dichtung ungewohnten Separatheit anvisiert werden, erstaunt. Erfahrung des Absoluten und mystische Kontemplation pflegen mit einer ahistorischen Disposition und Gegenwartsferne der aus ihnen sich herschreibenden Dichtung erkauft zu werden. Celan kennt diesen Preis, und er weigert sich, ihn zu entrichten. Diese Weigerung, die eine Anspannung des künstlerischen Wollens ist, bleibt für das einzelne Gebilde nicht ohne Folgen.

Das in der Büchner-Rede gesprochene Wort von der unverkennbaren Neigung des modernen Gedichts zum Verstummen[12] ist unter den Interpreten Celanscher Gedichte fast aufs Klischee herabgesunken. Es ist kaum noch mehr als eine Metapher und zudem auf diese Dichtung nicht anwendbar. Celans Sprache hat nur jede Beredtheit verloren, der Anakoluth ist ihr syntaktisches Grundmaß geworden, ihre Tendenz zum Nominalstil überdeutlich. Vielleicht hat in deutscher Sprache kein Dichter die Abkehr von der Mitteilungssprache so rigoros vollzogen wie Celan. Aber diese Abkehr ist kein Akt der Freiheit. Sie wird als Verlust einer wie immer auch schalen Unmittelbarkeit erlitten. Die Worte selbst scheinen sich ihrer Umfunktionierung bisweilen zu widersetzen. Der Zwang des Gedichts, ganz es selber zu sein, zugleich aber vernehmbar, d.h. in einer rezeptablen Sprache vernehmbar zu sein, bleibt als Paradoxie jedem Vers eingeschrieben. In dieser Paradoxie erfüllt sich das Gesetz der Celanschen Dichtung, solange sie die Distanz zum Absoluten ebenso wahrt wie die zum Aktuellen oder historisch Verbürgten. In den Augenblicken aber schon des Versuchs einer Näherung verändert sich das Wesen der Dichtersprache. Sie muß, wo sie von Transzendentem spricht, Gesten der Mitteilungssprache imitieren: Sie gestattet sich Aussagen über „die Wahrheit" (A 85) im Wissen um deren Unerreichbarkeit, sie personifiziert das Absolute (A 103). Sie gerät bei dem Versuch, das nicht Mitteilbare mitzuteilen, in das Dilemma jeden mystischen Sprechens (vgl. S. 79 ff.). Sucht sie aber historische oder gegenwartsgeschichtliche Daten in sich zum Sprechen zu bringen, dann, wo es um deren Eindeutigkeit geht, verengt sich ihre auf Mehrdeutigkeit hin strukturierte Sprache. So kann eine poetische Technik wieder in Schwang kommen, die in allen früheren Gedichten Celans überwunden schien: das metaphorische Analogon.

> DUNSTBÄNDER-, SPRUCHBÄNDER-AUFSTAND,
> röter als rot,
> während der großen
> Frostschübe, auf
> schlitternden Eisbuckeln, vor
> Robbenvölkern.
>
> Der durch dich hindurch-
> gehämmerte Strahl,
> der hier schreibt,
> röter als rot.
>
> Mit seinen Worten
> dich aus der Hirnschale schälen, hier,
> verscharrter Oktober.
>
> Mit dir das Gold prägen, jetzt,
> wenns herausstirbt.
>
> Mit dir den Bändern beistehn.
>
> Mit dir das glasharte Flugblatt vertäuen
> am lesenden Blutpoller, den
> die Erde durch diesen
> Stiefpol hinausstieß. (A 98)

Gewiß: auch dieses Gedicht läßt sich nicht ganz in nichtpoetische Sprache übertragen. Doch das Nebeneinander von Übersetzbarem und Unübersetzbarem ist so deutlich und beider Unvermitteltheit bestimmt so sehr den Charakter des Gedichts, daß der Eindruck des Brüchigen, ja Mißlungenen sich einstellt. Davon wäre weiter kein Aufhebens zu machen, läge nicht die Vermutung nahe, es könnte die Möglichkeit solchen (wie mir scheint) ästhetischen Scheiterns nicht so sehr in diesem einen Gedicht selbst, als vielmehr in dem Stilgesetz der Celanschen Dichtung überhaupt begründet sein.

Die erste Strophe verfremdet metaphorisch das Bild einer demonstrierenden Menschenmenge an einem Wintertag. „Die ‚Robbenvölker', so darf man ohne weiteres vermuten, sind Sowjetmenschen auf dem Roten Platz zu Moskau. Wer dort winterlicher Politschau beiwohnt, kleidet sich polar." [13] „Spruchbänder" werden als „Dunstbänder" desavouiert. Der ‚falsche' Komparativ „röter als rot" scheint sie der Übertreibung zu überführen, was hier heißen mag: der Verfälschung des Roten Oktober, zu dessen Gedächtnis die Massenveranstaltung wohl stattfindet. Celan hat ihn als in der „Hirnschale ... verscharrten Oktober" personifiziert. Der Name des Monats steht für die, nach Maßgabe des Gedichts, veruntreute russische Revolution. Das Gedicht spricht ihn in durchweg eliptischen subjektlosen Sätzen an, denen finite Verben fehlen. Da der Name „Oktober" erst am Ende der dritten Strophe auftritt, bleibt unklar, ob auch schon die Apostrophe der zweiten ihn meint oder vielmehr das grammatisch ausgesparte Subjekt des Gedichts. Dennoch dürfte der Rote Oktober gemeint sein. Der „Strahl", der durch ihn „hindurchgehämmert" wurde, weist auf ein Mysterium. Die vertane Revolution wird mystifiziert. Der Eindruck von Mystifikation verstärkt sich, beachtet man Celans sonstige Verwendung des Wortes „Strahl", die sich in deutlicher Nähe zum mystischen Wortgebrauch hält [14]. Vom „Strahlenwind" der Sprache des Absoluten heißt es an anderer Stelle (A 27), er „beize" ein „hundert-/züngiges Gerede" hinweg. Dieser Strahl hier scheint freilich gerade das Gegenteil zu bewirken: er schreibt, so suggeriert das Gedicht, jene ‚Dunstbänder, Spruchbänder', deren ‚Aufstand' den Roten Oktober pervertiert. Er schreibt, so legen die Verse nahe — „röter als rot" — mit dem Blut des geschändeten „Oktober". Solcherart und auf solche Bänder geschriebene Worte sollen den Verscharrten aus der „Hirnschale schälen".

Zwei Möglichkeiten der Deutung bieten sich an: Entweder die Verse sind in dieser Weise nicht interpretierbar; dann fällt es schwer, sie überhaupt für verstehbar zu halten. (Daß sie den Eindruck ihrer Verstehbarkeit dennoch erwecken, dürfte dann kaum der Intention des Dichters entsprechen.) Oder aber das Gedicht ist tatsächlich in der beschriebenen Weise verständlich; dann wäre seine vermutlich recht einfache Aussage durch eine ihr inadäquate poetische Ausdrucksweise verbrämt. In beiden Fällen bliebe das Gedicht mit dem Makel der Unangemessenheit seiner ästhetischen Mittel behaftet. Seinen Versen fehlt die poetische Konsistenz anderer Gedichte Celans. Der dem Gedicht zur Mitteilung überantwortete Gedanke (‚verscharrter', nun freizuschälender Oktober) vermag gegen solche Poetisierung sich nicht zu behaupten. Die von diesem Gedanken dem Gedicht intendierte Eindeutigkeit bricht sich in der ihrem Wesen nach polyvalenten Bildersprache der Celanschen Lyrik, um schließlich als Widersprüchlichkeit hervorzutreten. Die Transzendenz in der Poesie, die das Gedicht mit Hilfe der Metaphern dem ihm zugrunde gelegten Gedanken gibt, ist zu schwach. Zu leicht fallen die Metaphern im Verständnis des Lesers aus solcher Transzendenz auf die Ebene des konkret Vorgegebenen zurück: die „Robbenvölker" als Sowjetmenschen, der „verscharrte Oktober" als die veruntreute Revolution, das „glasharte Flugblatt" als deren unverfälschte, „am lesenden Blutpoller" zu vertäuende Wahrheit. Sind dies ästhetische Mängel, so rühren sie doch keineswegs aus einem etwaigen Nachlassen der poetischen Kraft Celans her, sondern, so scheint mir, aus der besonderen Disposition seiner Dichtung. Die *Polit*-Metapher Roter Oktober als Ausgangspunkt eigener, nun *poetischer* Metaphern zu wählen, welche zugleich an den überlieferten Sinn dieser Formel rühren, übersteigt das Vermögen einer ganz auf Mittelbarkeit hin strukturierten Dichtersprache. Das Gedicht scheitert daran, daß die von ihm zitierten politischen Daten sich poetischer Transzendierung letztlich entziehen.

Das trifft in noch stärkerem Maße auf ein Gedicht zu, das Celan kurz nach dem Erscheinen der „Atemwende" in der Zeitschrift „Akzente" drucken ließ. Es ist Gegenwärtigstem zugewandt: dem Krieg in Vietnam. Wer die täglich neuen Kriegsberichte aus Südostasien liest, wer die Fotographien der furchtbarsten Erniedrigungen des Menschlichen vor Augen hat, wird an diesem Gedicht die bestürzende Ohnmacht ästhetischer Gebilde erkennen, von solcher Wirklichkeit in der traditionellen Weise der Kunst zu sprechen:

EINEM BRUDER IN ASIEN

Die selbstverklärten
Geschütze
fahren gen Himmel,

zehn
Bomber gähnen,

ein Schnellfeuer blüht,
so gewiß wie der Frieden,

eine Handvoll Reis
erstirbt als dein Freund[15].

Unzeitgemäßer kann ein Zeitgedicht kaum sein. Seine konventionellen Mittel überlagern seine Aktualität. Wer auf die Entfesselung des technischen Potentials im Ersten Weltkrieg dichtend reagierte, mochte sich solcher Mittel noch allenfalls bedienen: gähnende Bomber, blühendes Schnellfeuer. Die Mystifikation von Kriegsgerät, das hier in luziferischer Selbstverklärung seine Himmelfahrt begeht, ist an dem durch Celans Dichtung gesetzten ästhetischen Maß nicht mehr zu messen. Ebensowenig die Personifizierung jener Reis-Menge, die nach vertrautem Klischee dem Asiaten genügen soll, seinen kümmerlichen Tag zu leben. Daß ein „Schnellfeuer blüht", wäre als poetisches Bild noch allenfalls akzeptierbar, aber doch nur als eine Art euphemistischer Verfremdung. Spricht das Gedicht solchem Blühen aber die Gewißheit des auch diesem Gemetzel endlich doch einmal folgenden Friedens zu, so gibt es widersinnig entweder die Metapher des blühenden Schnellfeuers für Wirklichkeit aus, oder aber es meint mit der Gewißheit des Friedens *nicht* die Gewißheit des Friedens.

Beinahe jede Spur von Aktualität scheint durch solcherart poetische Mittel getilgt. Sie verflüchtigt sich in das Wort „Asien". Celans „aktuellstes" Gedicht erscheint als sein unaktuellstes, zugleich ist es sein am wenigsten ‚modernes'. An die Stelle von Vieldeutigkeit ist plane Mißdeutbarkeit getreten. Der Rückgriff auf eine anachronistische poetische Methode hat die bezweckte

„Aussage" des Gedichts, die hier in der Tat isolierbar scheint, in Mitleidenschaft gezogen. Das Gedicht „Einem Bruder in Asien" wird so zu einem Dokument ästhetischen Scheiterns. Zugleich bestätigt es in paradoxer Weise den Rang der Celanschen Dichtung insgesamt, indem es an deren Voraussetzungen erinnert, Voraussetzungen, über die es selbst sich hinwegzusetzen versucht.

V.

MYSTISCHE PARADOXIE

„Wort" ist ein Haupt- und Schlüsselwort der Celanschen Dichtung. In den fünf ersten Sammlungen, die wir hier untersuchen, kommt es in etwa achtzig Gedichten in zentraler Stellung vor. Weniger häufig, doch in nicht minder wichtigen Zusammenhängen (fast ausschließlich in „Die Niemandsrose" und „Atemwende") erscheint das Wort „Sprache". Unverkennbar bedeutet solch häufiges Sprechen von Sprache auch den Rekurs Celans auf die Bedingungen seiner eigenen Dichtung. Doch bedarf solche Feststellung der Differenzierung. Nicht oder nur selten sind nämlich mit „Wort" und „Sprache" die verfügbare Sprache, das präsente Wort dieser Dichtung selbst gemeint. Bei der Verwendung des „Wort"-Motivs lassen sich fünf verschiedene Zuordnungen unterscheiden:

1. Das „Wort" ist eines des sprechenden Subjekts: „mein Wort" (N 40); „Ihr meine mit mir ver-/ krüppelnden Worte" (N 35); das „Wort, das ich nicht sagte" (M 47). Einmal sogar, in Versen aus dem Gedicht „Wasser und Feuer" (M 75), werden „Wort" und sprechendes Ich vor einem angesprochenen Du identisch: „ich war, was ich bin:/ ... ein Wort, zu dem du herabbrennst."
2. Das „Wort" ist das Wort eines Toten, Schwester- oder „Mutterwort": „Schwestermund,/ du sprichst ein Wort, das fortlebt vor den Fenstern" (M 53); „Dieses Wort ist deiner Mutter Mündel" (M 64); „... du bleibst,/ ... vermählt einer Schrunde der Zeit,/ vor die mich das Mutterwort führte" (Sch 35).
3. Das „Wort" ist Gottes Wort: „Von deinem Gott war die Rede, ich .../ ließ das Herz, das ich hatte,/ hoffen:/ auf/ sein höch-

stes, umröcheltes, sein/ haderndes Wort. —" (N 12). Ein zweites Beispiel dieser Art findet sich in Celans bisher erschienenen Gedichten nicht.

4. In einigen Gedichten wird das „Wort", von dem die Verse sprechen, *genannt*. Solche „Worte" *sind*, was sie evozieren: Das Wort „Stirnenjahr" (vgl. S. 25 f.); „Blume — ein Blindenwort" (Sp 25); mit „vereinzelten Worten wie:/ Steinschlag, Hartgräser, Zeit." (Sp 52); das verlorene Wort „Schwester" (N 20); „das Wort/ Nimmer" (N 31); „Wasser: welch/ ein Wort" (Sp 48); das „Nebenwort . . . Kolchis" (N 87); das in die Hand gesprochene *„Friede den Hütten!"* (vgl. S. 61 ff.); „das andere/ Wort:/ Gebenedeiet" (N 47); das „frei-/ werdende Zeltwort:/ Mitsammen." (N 55).

5. In der Mehrzahl der Gedichte aber steht „Wort" in absolutem Gebrauch. Ungewiß bleibt, wer es spricht, was es bedeutet. Menschliche Eigenschaften oder solche eines mystischen Wesens werden ihm zuerkannt. Es ist „sternüberflogen" (Sch 62) oder selber ein Stern (Sp 51); „Worte" vermögen zu blenden (M 71); das „Wort" schläft, während es vernommen wird (M 66); es ist das Leben versprechende, auf das eine messianische Hoffnung sich richtet (Sp 25); ihm „entrollt" das lebendige sprechende Ich (A 9). Dann wieder heißt es „Ein Wort — du weißt:/ eine Leiche" (Sch 49); vom „Bettel der Worte" (Sch 13) geht die Rede; „über dem Wasser ein Wort" legt einen magischen „Kreis" um „den Stein" (Sch 9); ein „Wort" fällt „ins Schloß" (Sch 32); dem Sterbenden eilt zu den Schatten sein „Wort" voraus (Sch 34); es ist „Abend der Worte" (Sch 41), es ist „Wortnacht" (ebd.); das „Wort" wartet darauf, von der „Herzwand" geschnitten zu werden (Sp 53); vom „geächteten Wort" spricht ein Gedicht (A 24), ein anderes vom „Wort, das unsterblich war" (N 71). Daneben stehen Prägungen wie „Beilwort" (N 74), „Spaltworte" (A 40), „Halbwort" (A 60).

Solche Erfahrungs- und Vorstellungsvielfalt ist mit dem „Wort"-Motiv verbunden. Das „Wort" überschreitet die Grenze zwischen den Toten und den Lebenden. Es leuchtet, gibt schlafend der Finsternis als „Wortnacht" ihren Namen; es ist Leiche, ist lebendigstes Wesen, ist Bettel und Stern, Spaltwort, unsterblich, „Tausendwort" oder Gotteswort. Kreatürliche und metaphysische Not, menschliche Not also, erleidet es stellvertretend in Celans Gedichten. Immanenz und Transzendenz der Sprache werden an ihm erfahren. Wo es sich nicht entzieht, lebt die Vergangenheit mit ihren Toten in ihm fort; wo es als Leiche erscheint, verdunkelt der gelebte Tag sich zur „Wortnacht". An deren Zukunftshorizont aber legt „Ungeschriebenes, zu/ Sprache verhärtet", der Hoffnung „einen Himmel frei" (N 48).

*

Mit dem „Wort"-Motiv eng verbunden sind das „Eis-" und das „Schnee"-Motiv. Beide, „Schnee" und „Eis", sind deutbar als Chiffren der Sprachlosigkeit, des Schweigens[1]:

Mit wechselndem Schlüssel
schließt du das Haus auf, darin
der Schnee des Verschwiegenen treibt.
Je nach dem Blut, das dir quillt
aus Aug oder Mund oder Ohr,
wechselt dein Schlüssel.

Wechselt dein Schlüssel, wechselt das Wort,
das treiben darf mit den Flocken.
Je nach dem Wind, der dich fortstößt,
ballt um das Wort sich der Schnee. (Sch 36)

Unterm „Aschenlid" verspinnt das Auge der toten Schwester „Schnee zu Gedanken" (M 71). Ein „Schneegarn" hält seine „Beute" fest; was die „Lippe weiß", wird „zu Ende" geschwiegen (Sp 40). Nur den Stimmen der Toten bleibt inmitten des Schweigens „ein einziges Feld" ausgespart: „Schneewuchs durch alle Gehäuse, frei/ ein einziges Feld,/ das ein Lichtschein beziffert: die Stimmen.// Die Stimmen:/ windgerecht, herznah,/ brandbestattet." (Sp 30). Auf die Frage „Dein Gesang, was weiß er?" findet eines der Gedichte der „Atemwende" die Antwort:

Tiefimschnee,
Iefimnee,
I – i – e. (A 35)

Diese Antwort ist chiffriert und gestisch zugleich. Als Chiffre deutet sie auf die Räume der Sprachlosigkeit, in denen „Schnee des Verschwiegenen treibt". Als Geste aber nimmt sie selbst die Chiffre aus der verstehbaren Sprache hinüber in das, wovon das Wort „Tiefimschnee" spricht. Im Dreischritt der Wortreduktion vollzieht dieses Gedicht die Mimesis seines Verstummens[2].

Gleiche Chiffren-Funktion erfüllt das Wort „Eis": Ein Gedicht aus „Von Schwelle zu Schwelle" nennt die Toten („die Fremden und Freien") die „Meister vom Eis und vom Stein" (Sch 65). Ein Wort, so heißt es an anderer Stelle, wird gewiegt „hinab zu den Wassern,/ darin sich der Eisvogel spiegelt" (Sch 40). Ein anderer, ein „später Vogel:/ ... trägt die Flocke Schnee auf lebensroter Feder;/ das Körnchen Eis im Schnabel, kommt er durch den Sommer" (M 53). Die diesen Versen voranstehende Strophe erlaubt es, Schneeflocke und Eiskorn als Metaphern für ein vom toten „Schwestermund" gesprochenes Wort zu deuten. Ein andermal heißt es: „verschollen im Tauben:/ der Mund,/ versteint und verbissen in Steine,/ angerufen vom Meer,/ das sein Eis die Jahre hinanwälzt" (Sch 38). Oder es wird eine im „Eiswind/ liegengebliebene/ Schelle" angesprochen, die einen „weißen Kiesel im Mund" trägt: „Auch mir/ steht der tausendjahrfarbene/ Stein in der Kehle, der Herzstein,/ auch ich/ setze Grünspan an/ an der Lippe." (N 46) Wenn in einem Gedicht der „Atemwende" nach langem Anruf endlich „die Wahrheit ... Nachricht" gibt, so ist es das Schweigen, welches die Stimmen aller nach ihr Rufenden in eins faßt: „Ein Eisdorn – auch wir/ hatten gerufen –/ versammelt die Klänge" (A. 63).

*

In enger Verbindung mit „Wort" gebraucht Celan das Motiv des „Kristalls". Zugleich steht „Kristall" in einer *natürlichen* Nachbarschaft zu Schnee und Eis (= griech. krystallos), den Chiffren der Sprachlosigkeit und des Schweigens. Ebenso ist ihm in seiner mineralischen Natur die Zugehörigkeit zum Bereich der Steine vorgegeben. „Stein" aber steht in Celans Gedichten als Chiffre der Stummheit, der „versteinerten" Sprache.

Unten

Heimgeführt ins Vergessen
das Gast-Gespräch unsrer
langsamen Augen.

Heimgeführt Silbe um Silbe, verteilt
auf die tagblinden Würfel, nach denen
die spielende Hand greift, groß,
im Erwachen.

Und das Zuviel meiner Rede:
angelagert dem kleinen
Kristall in der Tracht deines Schweigens. (Sp 17)

Im Schlußvers erinnert dieses Gedicht an die Wendung eines früheren, in der „ein Wort, das schneewärts geäugt" ein „Wort nach dem Bilde des Schweigens" genannt wird. (Vgl. S. 26). Von diesem „Wort" heißt es, es sei „umbuscht von Singrün und Kummer" (Sch 16). In vergleichbarer Weise lagert dem „Kristall" im oben zitierten Gedicht das „Zuviel" der geredeten Worte sich an, wie umgekehrt, in anderen Versen, sich um ein Wort „der Schnee des Verschwiegenen" ballt (Sch 36). Der Titel des Gedichts bezeichnet ein mehr als nur topographisches „Unten". „Unten" ist der Fundort des „Kristalls"; er wird *fallend* erreicht. Ein anderes Gedicht nennt ihn ein „Sterbegeklüft"; Fallen und Liegen sind eins:

Das Schneebett unter uns beiden, das Schneebett.
Kristall um Kristall,
zeittief gegittert, wir fallen,
wir fallen und liegen und fallen.

Und fallen:
Wir waren. Wir sind. (Sp 29)

Diesem „zeittief" von Kristallen gegitterten „Sterbegeklüft" entspricht jene „Schrunde der Zeit", von der es in Versen des Gedichts „Vor einer Kerze" (Sch 35) heißt: „du bleibst/ einer Toten Kind,/ ... / vermählt einer Schrunde der Zeit,/ vor die mich das Mutterwort führte."

*

Seit den Gedichten des „Sprachgitter"-Bandes tritt zu den Chiffren der Sprachferne das Motiv „Atem". Dem Rückblick erweist sich bereits sein erstes Erscheinen als Vorbote jener Wende, die Celan mit dem Titel seiner 1967 erschienenen Sammlung eine „Atemwende" nennt:

Laven, Basalte, weltherz-
durchglühtes Gestein.
Quelltuff,
wo uns das Licht wuchs, vor
dem Atem. (Sp 44)

Von „Wortaufschüttung, vulkanisch" und vom „herz-/ förmigen Krater", der „nackt für die Anfänge zeugt" (A 25), spricht ein späteres Gedicht. Die Verse aus „Sprachgitter" antizipieren solche Prägungen. Sie wissen um den „vulkanischen" Ursprung des ‚Wortes', für dessen Erstarren, Wortnacht und Augennacht in eins fassend, anders die Chiffre des „blinden" Steins steht. Am „Quelltuff" nun, an der Ablagerungsstelle „weltherzdurchglühten Gesteins", wo etwas seinen Anfang nehmen könnte, das lebendiges Wort und seines Ursprungs im Weltherzen inne wäre, am „Quelltuff" wächst „Licht ... vor dem Atem". Wenn in Versen des Gedichts „Blume" (Sp 25) ein in der Finsternis gefundenes „Wort" zugleich Nacht und Wortnacht erleuchtet, so ist „Licht" als Chiffre der Rettung (A 103) eine Epiphanie auch der Sprache.

Vor der in Celans Dichtung festgehaltenen Identität von Leben und Wort steht „Atem" als ein dem Schweigen und Sprechen Gemeinsames im Zwischenraum beider:

... Es ist,
ich weiß es, nicht wahr,
daß wir lebten, es ging
blind nur ein Atem zwischen
Dort und Nicht-da und Zuweilen,
... (N 15)

In diesem Zwischenraum, auf den „Atemwegen", so wissen andere Verse, kommt das „Wahre" daher:

Ein Wurfholz, auf Atemwegen,
so wanderts, das Flügel-
mächtige, das
Wahre. (N 56)

Zu diesen Versen aus der „Niemandsrose" finden sich Parallelstellen in „Sprachgitter" und „Atemwende". Ihr Vergleich zeigt eine bemerkenswert stabile Verbindung von "Wurfholz" und „Wahrheit", auch wenn, oder gerade *weil* das Wort „Wahrheit" erst den Gedichten der „Atemwende" auszusprechen möglich wird. Begreifen die Verse aus der „Niemandsrose" das „Wahre" unter der Metapher „Wurfholz", so binden „Sprachgitter"-Verse das „Wurfholz" noch vergleichend an das Bild auffliegender Schwäne: „es war,/ als schwirrte, vom Nichts her, ein Wurfholz/ ins Ziel einer Seele" (Sp 42). In der Klimax dieser drei Versgruppen tritt zutage, was Celan die „Atemwende" nennt. Auf der ersten Stufe („Sprachgitter") schwirrte ein Wurfholz „vom Nichts her". Auf der zweiten sind „Wurfholz" und „das Wahre" identisch als ein „auf Atemwegen" Wanderndes („Niemandsrose"). Verse aus der „Atemwende" schließlich steigern „das Wahre" zur „Wahrheit". Auch sie wird in der Metapher fliegenden Holzes begriffen, nun aber in der Gewißheit des Flugziels: „Schwirrhölzer fahren ins Licht, die Wahrheit/ gibt Nachricht" (A 63). Vom Nichts her – auf Atemwegen – ins Licht! „Atem" steht so im Zwischenraum von „Nichts" und „Licht", „zwischen/ Dort und Nicht-da und Zuweilen". Er ist der Dichtung Celans ein Medium des „Wahren". Alter gnostischer Vorstellung folgend wird „Atem" zugleich als Pneuma („von jenseits der Väter:/ . . . Pneuma" N 47) begriffen.

Nach Celans eigenem Verständnis behauptet das „Gedicht heute" sich „am Rande seiner selbst; es ruft und holt sich, um bestehen zu können, unausgesetzt aus seinem Schon-nicht-mehr in sein Immer-noch zurück."[3] Indem es „in seiner eigenen, allereigensten Sache" spricht, gehöre es „von jeher zu den Hoffnungen des Gedichts . . ., gerade auf diese Weise *in eines Anderen Sache* zu sprechen — wer weiß, vielleicht in eines *ganz Anderen* Sache. . . . vielleicht ist sogar ein Zusammentreffen dieses ‚ganz Anderen' — ich gebrauche hier ein bekanntes Hilfswort — mit einem nicht allzu fernen, einem ganz nahen ‚anderen' denkbar — immer und wieder denkbar./ Das Gedicht verweilt oder verhofft . . . bei solchen Gedanken./ Niemand kann sagen, wie lange die Atempause — das Verhoffen und der Gedanke — noch fortwährt."[4] Diese Sätze aus der Büchner-Rede zielen, indem sie vom „Gedicht heute" sprechen, zuletzt auf „das Gedicht" Celans. Sein Stehen am Rande der eigenen Möglichkeit nennt die Rede „die Atempause". In ihr „verweilt" das Gedicht in der Hoffnung auf die künftige Möglichkeit seiner selbst als eines Gedichtes, das von seiner „allereigensten Sache" sprechend zugleich von der zweier „Anderer" zu reden vermöchte, von denen der (nach theologischem Sprachgebrauch) „ganz Andere" Gott wäre. Ein solches Gedicht bedürfte freilich auch einer anderen Sprache, der Sprache eben dieses „ganz Anderen". Dann könnte es jenes „absolute Gedicht" sein, von dem es in der Büchner-Rede heißt: „– nein, das gibt es gewiß nicht, das kann es nicht geben!/ Aber es gibt wohl, mit jedem wirklichen Gedicht, diese unabweisbare Frage, diesen unerhörten Anspruch."[5]

In diesen Sätzen der Selbstdeutung ist die immanente Poetik der Celanschen Dichtung enthalten. Dem Wissen um die Unerreichbarkeit des absoluten Gedichts opponiert ihr „unerhörter Anspruch", wenn schon nicht selber absolute Dichtung zu sein, so doch vor deren Ideal zu bestehen. Wo Celans Gedichte von „Wort" oder „Sprache" reden, ist der Differenz gedacht, welche das absolute Gedicht von jedem in menschlicher Sprache möglichen trennt. Die *Hoffnung* auf deren Überwindung ist den „am Rande ihrer selbst" sich behauptenden Gedichten Celans sowohl Thema als auch, indem sie deren Erfüllung zu antizipieren trachten, *Kriterium* ihres ästhetischen Gelingens. Utopie wird zur ästhetischen Kategorie. Zielt Celans Gedicht auf die Sprache des Absoluten, die Sprache also jenes „ganz Anderen", so nimmt es die Schwierigkeiten jeden mystischen Sprechens auf sich, einem jeder verfügbaren Sprache sich Entziehenden in eben dieser Sprache Raum zu geben. Und in der Tat ist diese Dichtung weitgehend mystische Dichtung. Sie begreift ihre Utopie als unerreichbare Transzendenz und wirft sich ihr doch in messianischer Hoffnung entgegen. In dieser Paradoxie gründet zuletzt die Ununterscheidbarkeit ihrer *mystischen* und *manieristischen* Struktur[6].

Begreift Celan „Atem" als ein Medium, vor dem schließlich „das Licht" der Rettung „wächst"; versteht er „Atem" als ein „von jenseits der Väter" herüberwehendes „Pneuma"; ist es „Atem," was den Raum zwischen „Dort und Nicht-da und Zuweilen" erfüllt; wandert auf „Atemwegen" in Gestalt eines „Wurfholzes" das „Wahre" – so ist, nach den Worten der Büchner-Rede, dem seiner eigenen utopischen Metamorphose und also der Sprache des Absoluten entgegenhoffenden Gedicht der unvertauschbare Ort seines ‚Verweilens' die „Atempause". Celan hat die Dichtung im „Meridian" als eine „Unendlichsprechung von lauter Sterblichkeit und Umsonst" apostrophiert. Dem Augenblick, in dem solche Paradoxie – Unendlichkeit kraft menschlicher Sprache – sich erfüllt, erfindet die Rede (1960) den Namen der „Atemwende"[7].

Dieses Wort ist in keines der Gedichte eingegangen. Sieben Jahre später erscheint es als Titel eines Bandes und dient nun einer vollzogenen Wende als sprachliches Zeichen. Sie darf Celans *mystische Wende* heißen. Sie bedeutet das Ende der bis dahin seine Dichtung bestimmenden *negativen* Mystik, das Ende jener Mystik des Nichts, die Hugo von Hofmannsthal in „Ad me ipsum" als „Situation des Mystikers ohne Mystik" charakterisiert[8]. Die „Atemwende" ist deren Negation. Das Absolute, das Celans Dichtung, dessen Existenz immer wieder bezweifelnd, seit ihren Anfängen umwarb, ist den Gedichten des nach ihr benannten Bandes zur Erfahrungsgewißheit geworden. Noch in der Sammlung „Die Niemandsrose" schien das Wort „Wahrheit" unaussprechbar. Nun aber heißt es – und in der Tat mit jenem „unerhörten Anspruch", von dem die Büchner-Rede sprach – im Pathos eines zweifelfreien „es ist":

> EIN DRÖHNEN: es ist
> die Wahrheit selbst
> unter die Menschen
> getreten,
> mitten ins
> Metapherngestöber. (A 85)

(Man ist versucht, in die Sprache des Evangelisten Johannes zu übersetzen: Et verbum caro factum est et habitavit in nobis.) Das Gedicht als Botschaft? Dieses eine gewiß. Es hat den Chiffren-Charakter der Celanschen Dichtersprache suspendiert. Es spricht die Sprache einer Verkündigung, und das Verkündete allein ist es, welches im bis dahin in Celans Gedichten tabuierten Wort „Wahrheit" – dem Gottesnamen der Juden – die Grenze der Dichtersprache von außen her durchbricht. Dieses Wort trägt die ungeheure Last der nur durch es selbst beglaubigten Erfahrung des Absoluten. Indem *es allein* diese Erfahrung verbürgt, steht es als ein Wort, das von draußen kommt, als *Fremdwort* zu jedem andern Wort dieser Dichtersprache. An ihm selbst wiederholt sich nun auf der Sprachebene der Dichtung jener unaufhebbare Gegensatz, in welchem sich die Wahrheit, von der es spricht, zu den Menschen befindet. Meint „Metapherngestöber" das Wesen auch der Poesie, so ist das *Wort* „Wahrheit", in Celans Dichtung erscheinend, in der Tat ins Gestöber der Metaphern getreten. Nicht anders kann „die Wahrheit" erscheinen.

*

Im einundzwanzigsten Gedicht der Sammlung „Atemwende", das den ersten Zyklus des Bandes beschließt, steht das Wort „Atemkristall". Es kündet von der „Atemwende":

> Weggebeizt vom
> Strahlenwind deiner Sprache
> das bunte Gerede des An-
> erlebten – das hundert-
> züngige Mein-
> gedicht, das Genicht.
>
> Aus-
> gewirbelt,
> frei
> der Weg durch den menschen-
> gestaltigen Schnee,
> den Büßerschnee, zu
> den gastlichen
> Gletscherstuben und -tischen.
>
> Tief
> in der Zeitenschrunde,
> beim
> Wabeneis
> wartet, ein Atemkristall,
> dein unumstößliches
> Zeugnis. (A 27)

Von wessen Sprache spricht das Gedicht? Die Wendung „Strahlenwind deiner Sprache" läßt an eine Art Pfingstwunder denken, freilich an eins, das der Überlieferung deutlich opponiert. Nicht

„hundertzüngige" *Rede* bewirkt die Lichterscheinung, sondern sie „beizt" mit der Kraft einer Säure[9] hinweg, was vor dieses Einen Sprache nicht bestehen kann. Eine solche Sprache, welche Buntheit und schönen Schein jeder anderen auszulöschen vermöchte, könnte die Sprache Gottes sein. Dichtung, die sich an dieser absoluten Sprache orientiert, die solcherart Bilderverbot sich fügen wollte, vollzöge eine Wendung gegen die Kunst und damit gegen sich selbst. Wie vermöchte sie sich da zugleich als Dichtung zu behaupten?

Seit den „Sprachgitter"-Gedichten ist um Celans Lyrik ein Zirkel aus Selbstverleugnung und Selbstbehauptung geschlagen. Vor der Sprache, die sie umwirbt, kann ihre eigene nicht bestehen. Aus solcher Verstrickung aber befreit sie sich, indem sie die erfahrene Trennung von der umworbenen Sprache des Absoluten nun in der *eigenen* Absage an jenes „bunte Gerede des Anerlebten" wiederholt. Auch von daher vielleicht wäre die Apostrophe „Strahlenwind deiner Sprache" zu verstehen. Auf einer anderen Verständnisstufe könnte, neben der Sprache des Absoluten, zugleich die Sprache dieser Dichtung selbst gemeint sein. Vielleicht auch die Sprache eines anderen Menschen? Doch welche übermenschliche Würde wäre einem menschlichen Du dann zuteil geworden!

Celan greift mit dem Wort „Strahlenwind" das früher gebrauchte Bild der „Mandorla" noch einmal auf. „Es steht das Nichts in der Mandel", hieß es in Versen aus der „Niemandsrose". Im von der Mandel umschlossenen Nichts aber „steht der König". „Vom Nichts her" (Sp 42) wie das Wahre in Gestalt eines „Wurfholzes", vom „König" her, dem „ganz Anderen", wetterleuchtet diese „Sprache" herüber. In ihrem „Strahlenwind" erweist sich als ein „Genicht", was bisher Gedicht heißen durfte. Als „hundertzüngig" geziehen, wird es, das „Mein-/ gedicht"[10], aus seinem angemaßten Namen „weggebeizt". Die Vorsilbe „Mein-" darf in doppelter Weise verstanden werden: im Sinn des mittelhochdeutschen Wortes „mein" (= falsch, betrügerisch)[11], aber auch in der Bedeutung des Possesivpronomens. Der Besitzanspruch an ein „hundertzüngiges", mithin beliebiges Kunstprodukt erscheint als Verblendung[12]. Der das „bunte Gerede des An-/ erlebten" vernichtende „Strahlenwind" tilgt mit der Buntheit des „Mein-/ gedichts" zugleich *alle* Farben. *Weiß* allein bleibt, die Nicht-Farbe von Schnee, Eis und Kristall, des Schweigens, der lebendigen Toten, des ‚Unumstößlichen'. In solches Weiß führt der „ausgewirbelte", nun freie Weg, der vor der tiefen „Zeitenschrunde,/ beim/ Wabeneis" endet. Er führt in die Höhe der Gletscher. In einem Gedicht aus der „Niemandsrose" (N 11) kommt dieser Weg in Sicht:

> Bei Wein und Verlorenheit, bei
> beider Neige:
>
> ich ritt durch den Schnee, hörst du,
> ich ritt Gott in die Ferne – die Nähe, er sang,
> es war
> unser letzter Ritt über
> die Menschen-Hürden.
>
> Sie duckten sich, wenn
> sie uns über sich hörten, sie
> schrieben, sie
> logen unser Gewieher
> um in eine
> ihrer bebilderten Sprachen.

Nennen die späteren Verse den „menschen-/ gestaltigen Schnee ... Büßerschnee", so scheint die Schlußstrophe des früheren Gedichtes zu wissen, wofür die im Schnee (des Schweigens) Stehenden zu büßen haben: „sie/ logen unser Gewieher/ um in eine/ ihrer bebilderten Sprachen." Die späteren Verse stellen solcher Lüge das „hundert-/ züngige Mein-/ gedicht" an die Seite.

Die durch den „Büßerschnee" erreichten „Gletscherstuben" werden „gastlich" genannt. Das erste Gedicht dieses ersten Zyklus der „Atemwende" beginnt mit dem Verspaar: „Du darfst mich getrost/ mit Schnee bewirten: ..." (A 7). Als den Ort solchen Bewirtens nennt das letzte Gedicht des Zyklus die „gastlichen Gletscherstuben". Das Wort „Gletscher" kommt außer in diesen Versen nur noch einmal in Celans Gedichten vor. In „Nächtlich geschürzt" (Sch 49 f.) bezeichnet „Gletscher" die Gegend ...

. . . . . wo
rasten, die wir ereilt:

sie werden die Stunde nicht nennen,
die Flocken nicht zählen,
den Wassern nicht folgen ans Wehr.

Sie stehen getrennt in der Welt,
ein jeglicher bei seiner Nacht,
ein jeglicher bei seinem Tode,
unwirsch, barhaupt, bereift
von Nahem und Fernem.

Sie tragen die Schuld ab, die ihren Ursprung beseelte,
sie tragen sie ab an ein Wort,
das zu Unrecht besteht, wie der Sommer.

Ein Wort – du weißt:
eine Leiche.

Auch von diesen Versen her wird begreifbar, was „Büßerschnee" meinen mag. In einer Landschaft aus Eis und Schnee („Flocken") stehen als Büßer „die wir ereilt", die Toten, um eine „Schuld, die ihren Ursprung beseelte", an den Kadaver eines Wortes „abzutragen": „bereift / von Nahem und Fernem."

Wichtiger noch für das Verständnis der beiden letzten Strophen ist ein Abschnitt aus dem „Gespräch im Gebirge": „Weißt du. Weißt du und siehst: Es hat sich die Erde gefaltet hier oben, hat sich gefaltet einmal und zweimal und dreimal, und hat sich aufgetan in der Mitte, und in der Mitte steht ein Wasser, und das Wasser ist grün, und das Grüne ist weiß, und das Weiße kommt von noch weiter oben, kommt von den Gletschern, man könnte, aber man soll's nicht, sagen, das ist die Sprache, die hier gilt, das Grüne mit dem Weißen drin, eine Sprache, nicht für dich und nicht für mich – denn, frag ich, für wen ist sie denn gedacht, die Erde, nicht für dich, sag ich, ist sie gedacht und nicht für mich –, eine Sprache, je nun, ohne Ich und ohne Du, lauter Er, lauter Es, verstehst Du, lauter Sie, und nichts als das." [13] Das Weiße, das von den Gletschern kommt: der Sprechende nennt es – wie zögernd freilich – „die Sprache". Die Schlußverse des einundzwanzigsten Gedichts sprechen von ihr in der Chiffre des

„Atemkristalls". Zu diesen Versen ist Celans Dichtung seit langem unterwegs:

Zu *„Zeitenschrunde"*:

.....
vermählt einer Schrunde der Zeit,
vor die mich das Mutterwort führte ... (Sch 35)

Augen, weltblind, im Sterbegeklüft: Ich komm,
.....
(Atemgeflecktes Geleucht ...)
.....
Das Schneebett unter uns beiden, das Schneebett.
Kristall um Kristall,
zeittief gegittert, ... (Sp 29)

..... es ging
blind nur ein Atem zwischen
Dort und Nicht-da und Zuweilen,
kometenhaft schwirrte ein Aug
auf Erloschenes zu, in den Schluchten,
da, wo's verglühte, stand
zitzenprächtig die Zeit,
an der schon empor- und hinab-
und hinwegwuchs, was
ist oder war oder sein wird –, (N 15)

Zu *„Wabeneis"*:

Zeitleer die Waben der Uhr ...
.....
Komm, schwimmendes Licht. (Sp 14)

[Kristall um Kristall,
zeittief gegittert ...] (Sp 29)

Zu *„Atemkristall"*:

Und das Zuviel meiner Rede:
angelagert dem kleinen
Kristall in der Tracht deines Schweigens. (Sp 17)

Brich dir die Atemmünze heraus
aus der Luft um dich und den Baum:

so
viel
wird gefordert von dem,
den die Hoffnung herauf- und herabkarrt
den Herzbuckelweg –
(. . . . .)
O diese Ver-
freundung. Doch wieder,
da, wo du hinmußt, der eine
genaue
Kristall. (N 80 f.)

Celans Chiffren des Schweigens und der Sprache, der Zeitlichkeit wie der Zeitlosigkeit ordnen sich, so will es rückblickend scheinen, von Anfang an dem Wort „Atemkristall“ als der Chiffre ihrer Erlösung zu. „Atemkristall“ könnte das „unumstößliche/ Zeugnis“ der auf „Atemwegen“ wandernden „Wahrheit“ im Augenblick der „Atemwende“ sein.

Wie sehr, bei aller Unvergleichbarkeit nicht allein der Diktion, Celans Gedicht den überlieferten Formen mystischen Dichtens sich nähert, zeigt ein Blick auf Verse aus einem Sonett der barocken Dichterin Catharina Regina von Greiffenberg („Über das unaussprechliche Heilige Geistes-Eingeben“):

Ich spür ein seltnes Licht.
Die Seel ist von sich selbst nicht also löblich licht.
Es ist ein Wunder-Wind, ein Geist, ein webend Wesen,
die ewig' Atem-Kraft, das Erz-sein selbst gewesen,
das ihm in mir entzündt dies Himmel-flammend Licht[14].

„Strahlenwind deiner Sprache“ und „Atemkristall“ stehen als Zeichen der Gewißheit, das „Wahrheit“ ist. Der Erfahrungsort solcher Gewißheit aber sind allein das Denken und die Sprache dieser Dichtung: „Wenn das Denken die Pfingst-/schneise herabkommt, endlich,/ fällt ihm das Reich zu,/ wo du versandend verhoffst.“ (A 46) Kein Rekurs auf verbindliche Glaubensgewißheiten scheint möglich. Was die Dichtung im Wort „Wahrheit“ benennt, bleibt ihre einsamste Erfahrung. Als „Metapherngestöber“ bezeugt sie das Unbezeugbare: „Niemand/ zeugt für den/ Zeugen." (A 68) Sie weiß um den „Atemkristall", aber sie weiß ihn „tief/ in der Zeitenschrunde,/ beim/ Wabeneis". („Eis": noch immer die Chiffre des Schweigens!) Sie kennt dessen Unerreichbarkeit, sie begreift, was von der als „Strahlenwind" herüberwehenden Sprache jenes „ganz Anderen" sie trennt: die letztliche Unverbindbarkeit von „Wahrheit" und „Metapherngestöber". Beda Allemann hat davor gewarnt, „das unumstößliche Zeugnis des Atemkristalls als positive Konfession und Aussage verstehen zu wollen."[15] Diese Warnung besteht nur halb zu Recht. In der Tat bekennt das Gedicht sich zu dem, was in den Gedichten der „Atemwende" (erstmals!) den Gottesnamen „Wahrheit" erhält. Aber verkündend hält es an dem fest, welchem allein es sich verdankt, an der Metapher. Die Paradoxie, welche Celans Dichtung in ihrer „Atemwende" erträgt, indem sie vom Unverkündbaren kündet, ist zuletzt die Paradoxie einer jeden Vermittlung mystischer Erfahrung im Wort.

*

GIVE THE WORD

Ins Hirn gehaun – halb? zu drei Vierteln? –,
gibst du, genächtet, die Parolen – diese:

„Tatarenpfeile".
„Kunstbrei".
„Atem".

Es kommen alle, keiner fehlt und keine.
(Sipheten und Probyllen sind dabei.)

Es kommt ein Mensch.

Weltapfelgroß die Träne neben dir,
durchrauscht, durchfahren
von Antwort,
Antwort,
Antwort.

Durcheist – von wem?

„Passiert", sagst du,
„passiert",
„passiert".

Der stille Aussatz löst sich dir vom Gaumen
und fächelt deiner Zunge Licht zu,
Licht. (A 89)

Wer nachts die Grenzlinie überschreitet, ist auf den Anruf der Wache gefaßt, die Losung zu geben. Der Besitz der Parole, des Schibboleths, erweist ihn dem Wächter als seinesgleichen. Der spricht sein „Passiert" und gibt ihm den Weg frei. Den Weg wohin in diesem Gedicht? *Wer* fordert die Losung, *wer* gibt sie, *wer* spricht das „Passiert"? Es ist *einundderselbe,* abermals ist es der „Zeuge", für den „niemand zeugt" (A 68) als er selbst. In der Sprache Shakespeares verlangt er die Losung sich ab: „Give the word" ist ein Satz König Lears, gesprochen zu Glosters Sohn Edgar (4. Akt, 6. Sz.). Der findet ein Losungswort, das den umnachteten König erreicht: „Süßer Majoran." („Sweet marjoram."). Und Lear sagt: „Passiert" („Pass."). Das von Nacht umfangene Ich des Gedichts („genächtet", in der „Wortnacht"?) befiehlt *sich selbst* „give the word", gibt sich mit drei „Parolen" dreifache Antwort, spricht dreimal sich selbst das den Weg freigebende Wort „Passiert". Diese Verdoppelung (oder Spaltung) des Ich, das in der Doppelrolle des Grenzgängers und Wächters sich entgegentritt, scheint diagnostiziert (auto-diagnostiziert) mit den Worten „Ins Hirn gehaun". Sie sprechen zugleich aus, was den, der da spricht, mit dem umnachteten Lear verbindet: auch sie sind Worte des Shakespeareschen Königs. Lear weiß: „Ich bin ins Hirn gehaun." („I am cut to the brains." 4. Akt, 6. Sz.)[16]
Auf die *Bruchzahl* genau sucht der Geschlagene in wahnhafter Pedanterie des Grades seiner Verstörtheit sich zu versichern: „halb? zu drei Vierteln?" Das Partizip des intransitiven Verbs „hauen" könnte auf einer weiteren Ebene des Verstehens als Partizip eines *transitiven* Zeitwortes („etwas hineinhauen") gelesen werden. Die drei „Parolen" wären dann als die „drei Viertel" eines noch nicht vollendeten Ganzen zu verstehen. In ihnen – den Chiffren dessen, *was* ihm „ins Hirn gehaun" ward – gäbe sich das Ich zu erkennen. Dieses Ich aber ist einzig in Versen bezeugt, verwirklicht sich in ihnen allein. Wie mit dem Ich zugleich auch die Worte der Dichtung „verkrüppeln" – „Ihr meine mit mir ver-/ krüppelnden Worte" (N 35) –, so sind mit der Trias dieser „Parolen" zugleich die Stationen der Dichtung benannt. Zu drei Stufen bricht sich der Vers wie eine Dramenzeile, an der drei Sprecher teilhaben. In jedem der drei Worte scheint

eine der in der Genese des Werkes aufeinanderfolgenden Verwirklichungen Celanschen Dichtens festgehalten. Im Namen der dritten („Atem") ist der „Atempause" gedacht, von der die Büchner-Rede sprach. Kennzeichnet das Gedicht die zweite Stufe dieser Entwicklung als „Kunstbrei", so darf dieses Wort als Synonymum jenes „bunten Geredes" verstanden werden, welches das einundzwanzigste Gedicht des Bandes von jenseits der „Atemwende" her als „hundert-/ züngiges Mein-/ gedicht", als „Genicht" begreift. Was die Parole „Tatarenpfeile" meint, bleibt zu erschließen. An den Namen mongolischer Kriegerstämme sind Erinnerungen geknüpft an Kriegsgemetzel und barbarische Massaker. Tatarennachricht bedeutet Schreckenskunde. Freilich, welch anderer Massaker wird hier im Barbaren-Namen gedacht. Das Wort selbst gebraucht Celan nur noch ein einziges Mal: „Zwischen zwei Schmerzknoten, während/ der blanke/ Tatarenmond zu uns heraufklomm,/ grub ich mich in dich und in dich" (A 68). Der Kontext spricht von Schmerz. In anderen Versen aus „Atemwende" nennt sich das sprechende Ich einen „Durchbohrten" (A 26). Für das, wovon die hier zu sich selber redende Kreatur überwältigt ward, könnte „Tartarenpfeife" das hier geltende Kennwort sein.

Das Wort „Pfeil" findet sich, außer an dieser Stelle, noch dreimal in Celans Gedichten. Vom „späten Pfeil, der von der Seele schnellte" spricht ein „Sprachgitter"-Vers (Sp 15). Solcher Art auch scheinen Pfeile zu sein, von denen es in der „Atemwende" heißt: „zwölfmal erglüht/ das von Pfeilen getroffene Drüben . . ." (A 72). An anderer Stelle, in „La Contrescarpe" (N 80), könnte von fern her Hölderlinscher Worte gedacht sein, wenn Celan vom „Brotpfeil" spricht, „der den Wein seiner Nacht [der Nacht des Menschen] trank, den Wein/ der Elends- der Königs-/ vigilie." Hölderlin selbst begreift in seiner Dichtung im Bilde des „Pfeils" das als Blitz oder Sonnenstrahl in die Menschenwelt hereinbrechende Licht des Göttlichen. Doch in einer Lesart des Prosa-Entwurfs seiner Hymne „Wie wenn am Feiertage . . ." spricht er von einem „anderen Pfeile, von dem das Herz mir blutet". Er hat diese Wendung dann durch die Worte ersetzt:

„Aber wenn von selbstgeschlagener Wunde das Herz mir blutet.“ [17] Celans innige Beziehung zu Hölderlin ist bezeugt. Wohl denkt er mit dem Halbwort „-pfeile“ anderer Wunden als solcher, die ein Mensch sich selbst zu schlagen vermag. Die tatarische Herkunft der Pfeile in seinem Gedicht weist auf Wunden, die von äußeren Mächten erlitten sind. Dennoch ist an eine vage Korrespondenz der „Tatarenpfeile“ mit Hölderlins „anderem Pfeil“ zu glauben. Deutlich jedenfalls ist der Rekurs des Gedichts auf das 1963 erschienene „Tübingen, Jänner“, das Hölderlins Namen nennt und mit dem Lallen des umnachteten Dichters endet:

TÜBINGEN, JÄNNER

Zur Blindheit über-
redete Augen.
Ihre – „ein
Rätsel ist Rein-
entsprungenes“ –, ihre
Erinnerung an
schwimmende Hölderlintürme, möwen-
umschwirrt.

Besuche ertrunkener Schreiner bei
diesen
tauchenden Worten:

Käme,
käme ein Mensch,
käme ein Mensch zur Welt, heute, mit
dem Lichtbart der
Patriarchen: er dürfte,
spräch er von dieser
Zeit, er
dürfte
nur lallen und lallen,
immer- immer-
zuzu.

(„Pallaksch. Pallaksch.“) (N 24)

Der Ausdruck „Pallaksch“ ist durch Christoph Theodor Schwab als ein Wort des späten Hölderlin überliefert: „man konnte es das eine Mal für ja, das andere Mal für nein nehmen“ (weshalb

Celan es zweimal setzt)[18]. Böschenstein schreibt in seiner Deutung dieses Gedichts: „Wenn Hölderlin wiederkehrte, er müßte noch viel verhüllter, noch viel blinder sprechen. Sein Kommen wäre wieder ein Einbruch unverstandenen Lichts. Der Lichtbart der Patriarchen spricht die majestätische Verhüllung durch die Helle der Sicht aus. Die harrenden Vorbereiter der Gottesankunft, die die Hymne ‚Am Quell der Donau' in den Patriarchen und Propheten nennt, ... werden jetzt in die gegenwärtige Gestalt eines neu erscheinenden Hölderlin überführt. Auch er wird nun durch die seit ihm verstrichene Zeit nicht eingelöster Prophetie zu den Ahnen der Gotteserwartung gestellt. Seine Rückkehr wäre nicht mehr an seine Person gebunden: ... Jetzt wird er namenlos, ‚ein Mensch' sein. Denkt Celan an diese mehrmals in den spätesten Gedichten begegnende Formel Hölderlins? Dieser Mensch käme zur Welt als ein von ihr ganz verschiedener. Seine Verschiedenheit von der Welt läßt über die Zeiten hinweg den heutigen Dichter sich in ihm begreifen, in einer geheimnisvollen, überaus konkreten Überführung, vergleichbar der Ablösung der Glieder, die Celan dem Namen Ossip anheftet (worin der Dichter Mandelstamm wiederkehrt), um so erst er selber zu werden (N 82). Der so Erschienene faßt den älteren und den heutigen Dichter in eine Gestalt. Er spricht, wie der Umnachtete zuweilen tat, wie der jetzige Dichter im Augenblick seines Gedichts tut: lallend."[19]

Celan hebt in dem späteren Gedicht „Give the word" den Konjunktiv des früheren auf und setzt den Indikativ der Gewißheit. Hieß es dort „Käme ein Mensch", so steht nun „Es kommt ein Mensch."[20] Die Parole „Atem" ging seinem Kommen voraus. Indem er erscheint, endet die „Atempause". Zwar nicht im „Lichtbart der/ Patriarchen" wird der Namenlose gesehen, doch geschieht im Augenblick seines Kommens das *Erwachen* des „Lichts":

> Der stille Aussatz löst sich dir vom Gaumen
> und fächelt deiner Zunge Licht zu,
> Licht.

Zugleich ist dieses Kommen mit der Ankunft „aller" verbunden. Da „keiner fehlt und keine", mag das Wort „alle" all jene meinen, welche je die von dreifacher Parolen-„Antwort" durchrauschte Welten-Träne bevölkerten. (Wird diese zugleich die „durcheiste" Träne genannt, so ist erneut an die Chiffre „Eis" zu erinnern.) Unter den Kommenden sind die einst Zukunft verkündenden Sibyllen und Propheten. Daß sie bei ihren Namen genannt werden, scheint sie aus der Masse der Herbeieilenden herauszuheben. Was ihren Namen indes durch die freie Verfügung über deren Silben widerfährt, kommt der Aufhebung solcher Rangbekräftigung nahe. Benannt, sind sie sogleich in die Namenlosigkeit „aller" zurückverwiesen. Im *Menschen*-Namen des Einen aber ist auch der ihre mitenthalten. Celan evoziert ein apokalyptisches Bild: der homo novus inmitten einer herbeiströmenden Menschheit. Sibyllinische Verheißungen und die Worte der Propheten, zuletzt auch die Hoffnungen des geschlagenen Hölderlin und des gleich ihm umnachteten Lear vereinen sich in der Gestalt dieses „Menschen". Noch ist er freilich nicht da. Das Gedicht hält nur den Augenblick seines *Kommens* fest: es ist – abermals – der Augenblick der „Atemwende", der Augenblick des erwachenden Wortes, des „Lichts". Neben die Vokabel „Licht" setzt Celan als letztes Wort des „Atemwende" genannten Gedicht-Bandes das Wort „Rettung".

Besteht unsere Deutung zu Recht, es bezögen die Fragen der Anfangsstrophe – „halb? zu drei Vierteln?" – sich auch auf die drei Losungsworte „Tatarenpfeile,/ Kunstbrei./ Atem.", so könnte das Wort „Licht" die *vierte* dieser „Parolen" meinen. Die Brechung der Schlußzeile vor der Wiederholung des Worts wäre als äußeres Zeichen solcher Zuordnung zu den „Parolen" interpretierbar. Freilich nicht als Paßwort steht „Licht" am Ende des Gedichts, sondern als Zeichen der Rettung selber, der Rettung aus „Blindheit" und Stummheit, aus der „Wortnacht". Die Klage der „Sprachgitter"-Verse „Niemand schnitt uns das Wort von der Herzwand" (Sp 53) hätte ihr Ende gefunden. Mit den Worten König Lears hatte das Ich am Anfang seine „Parolen" sich abverlangt; vom Ende her liest „Give the word" sich zuletzt als das Flehen um jenes von allen anderen Worten geschiedene

„Wort", das nun „vom Gaumen" sich löst als „stiller Aussatz". In seinem „Licht" endet die Nacht des wie Hölderlin, des wie König Lear „ins Hirn" Geschlagenen.

..... weiß
von der aus der Wortwand
freigehämmerten Wahrheit,
erblüht dir ein neues Gehirn. (A 62)

VI.

SCHÖNHEIT DES GRAUENS ODER GREUEL DER SCHÖNHEIT?

Über Celans „Todesfuge"

Seit ihrer ersten Veröffentlichung im Jahre 1948 nimmt die „Todesfuge" unter den Gedichten deutscher Sprache, die sich auf Daten jüngster Geschichte beziehen, eine Sonderstellung ein. Sie steht in dem Ruf, jedem auch nur halbwegs geschichtserfahrenen Leser verständlich zu sein, und wurde doch so oft interpretiert wie kein anderes Celan-Gedicht. Ihre Wirkung ist ein Element der politischen Bildungsgeschichte der Bundesrepublik Deutschland; in ihrer Popularität mischen sich, wie in jeder, Verstehen und Mißverständnis. Leuchten diese Popularität und ihre zeitgeschichtlichen Voraussetzungen unmittelbar ein, so erscheint der Einspruch, den die literarische Kritik gegen Celans Gedicht glaubte vortragen zu müssen, sehr viel weniger plausibel. Ästhetische und politische Argumente lassen sich da nur schwer unterscheiden, und man könnte ihnen leichter zustimmen, wären sie frei von intellektuellem Hochmut. Wie kann man für poetische Texte einen generellen „Gebrauchswert" wünschen und gleichzeitig die Bevorzugung der „Todesfuge" in Anthologien, besonders aber „im Pensum des Deutschunterrichts" pauschal beklagen. „Verdinglichung im Kulturbetrieb", „Warendeklaration", „Konsumartikel", „Tötung des Gedichtes im Kulturbetrieb" sind einige der üblich gewordenen Verdikte. Sie werden um so unbedachter nachgesprochen, als ihre Verfasser keine Sonntagskritiker sind. Sie unterstellen dem Text, daß er außerstande sei, sich in individuellen Leseerfahrungen zu erneuern. Nur das *politische* Unbehagen, das solchen Pauschalitäten zugrunde liegt, ist wirklich ernst zu nehmen. Es auf einen Begriff zu bringen, fällt freilich schwer. Um seine Richtung anzudeuten, müßte man so vielstrapazierte Vokabeln wie „Vergangenheitsbewältigung“, „nationale Scham“ oder „Wiedergutmachung“ auf ihren Selbsttäuschungscharakter hin prüfen. Sie weisen auf ein vielleicht durchaus nicht vermeidbares, trotzdem aber schuldhaftes Versagen unserer kollektiven Trauerarbeit „nach Auschwitz“, einer Trauerarbeit, die doch gerade an Celans Gedicht zu ungezählten Malen ernsthaft versucht worden ist, nicht zuletzt im Deutsch-Unterricht.

Eine andere Vokabel aus dem Umfeld dieses weitverbreiteten Unbehagens ist der juristische Terminus der „Verjährung“, mit dem seine Benutzer die Geltung des zivilen Rechts auch für den fabrikmäßigen Völkermord am europäischen Judentum einmahnen oder bestreiten. Die mit der „Verjährung“ verbundene juristisch-moralische Kontroverse wurde 1979 – im Stichjahr für die Straffreiheit bisher noch unerkannter Naziverbrecher – noch einmal verschärft ausgetragen. Sie hat ihre Parallele in der Diskussion um Paul Celans Gedicht und seine Wirkungsgeschichte. Ging es in der Verjährungs-Debatte um die Frage, ob die Kategorien unseres Rechts und dessen Verfolgungsbefristung auch für den Völkermord taugen, so hat sich die Auseinandersetzung mit der „Todesfuge“ auf jenen Punkt zugespitzt, wo die Vereinbarkeit solchen Greuels mit dem künstlerisch Schönen als das moralisch-ästhetische Problem nicht nur aller Poesie „über Auschwitz“, sondern jeden Gedichtes erscheint, das Daten einer unmenschlich gewordenen Geschichte reflektiert.

„Celans *Todesfuge* [. . .] und ihre Motive, die *schwarze Milch der Frühe,* der Tod mit der Violine, *ein Meister aus Deutschland,* alles das durchkomponiert in raffinierter Partitur – bewies es nicht schon zuviel Genuß an Kunst, an der durch sie wieder ‚schön‘ gewordenen Verzweiflung?“[1] Reinhard Baumgart hat diese Frage gestellt – eine Frage, die den Vorwurf der Verharmlosung nur leicht rhetorisch verkleidet. Walter Müller-Seidel gab darauf die Antwort: „ein Gedicht – auch ein modernes – kann gar nicht schön genug sein, wenn es nur nichts beschönigt. Von jeder Beschönigung aber ist Celans *Todesfuge* [. . .] so weit entfernt wie nur eines“[2]. Wer heute und künftig das Gedicht liest, wiederliest, meditiert, wird gut daran tun, diese Frage und diese Antwort *gleich* ernst zu nehmen, auch wenn die Antwort nicht ganz auf demselben Niveau gegeben wurde, auf dem sich die Frage mit ihrem Zweifel bewegt. Es ist der Zweifel an der Möglichkeit des Erscheinens heutiger Schreckensgeschichte im Gedicht. Dabei geht es nicht um historische Daten irgendwelcher Art, es geht um die ästhetische Präsentation dessen, was die Geschichte im 20. Jahrhundert von jeder früheren unterscheidet (oder doch im Bewußtsein der von ihr Betroffenen zu unterscheiden scheint): Daß sie als Weltgeschichte inhuman wurde durch die Millionenzahl der Opfer, den Sieg von Bürokratie und Material über Menschen, und daß in ihr das böse Banale triumphiert. Das Wort, mit dem das Grauen von Auschwitz, Hiroshima oder irgendeiner künftigen Unvorstellbarkeit benannt werden könnte, müßte die Fühllosigkeit der Mord-Statistik mit dem Schrei der Opfer verbinden. Da es fehlt, wird mit jedem Versuch eines poetischen Benennens des Grauens immer nur etwas in Erinnerung gebracht werden können, was wir gerade noch uns vorzustellen imstande sind, so als wäre ein Mit- und Nachleiden auch hier noch möglich. Wenn aber das, was Menschen durch ihre Geschichte widerfährt, von anderen nicht mehr emotional nacherlebt werden kann und wenn Opfer und Täter in der Anonymität eines kollektiven Vollzugs einander gegenüber stehen, scheint das Ende der individuellen Humanität gekommen, ohne daß eine andere sich zu erkennen gäbe. Dies müßte zugleich auch das Ende aller Ästhetik sein, da Kunst ohne individuelle Humanität nicht sein kann. Ein solcher Schluß folgt der Logik des Grauens – sie erlaubt keinen Widerspruch, *aber sie fordert* ihn. Aus einem Satz von Franz Kafka ließe sich Hoffnung schöpfen: „Die Logik ist zwar unerschütterlich, aber einem Menschen, der leben will, widersteht sie nicht." Die Schönheit der „Todesfuge" kommt aus dem Geist solchen Widerstandes! Geht man davon aus, daß Auschwitz das geschichtliche Ende der individuellen Humanität bedeutet – doch sie hat viele Enden, sie ging und geht nicht auf einmal zugrunde –, daß Celans Text ihre fortdauernde Möglichkeit aber voraussetzen muß, um als Gedicht überhaupt noch möglich zu sein, so wird man zwar zugeben müssen, daß die „Todesfuge" das Grauen, von dem sie spricht, mit Notwendigkeit verfehlt, zugleich aber wird man diesem notwendigen Verfehlen einen hohen moralischen und ästhetischen Wert zuerkennen. Er ist bestimmt durch das volle Bewußtsein, welches das Gedicht selbst von der Unaufhebbarkeit dieses Widerspruches besitzt. Ihm verdankt die „Todesfuge" ihren *Titel* und ihre *Form*. Beide wurden zu oft verkannt, und selbst die entschiedensten Kritiker nahmen die Ästhetik dieses Gedichtes nicht ernst genug.

Wer das Wort Fuge nur als eine vage musikalische Anspielung begreift – wie jener rumänische Übersetzer, der dafür „Tango" schrieb –, hat Wesentliches bereits verkannt. Im Sinne von „fuga" = das Fliehen könnte man den Titel zunächst als ‚Flucht in den Tod', ‚Flucht vor dem Tod', auch als eine Abfolge von Totem (nach dem Vorbild von ‚Häuserflucht') auffassen. Dieser mehrfache Sinn ist aber untrennbar an eine artifizielle Leseanweisung gebunden, die sich aus der musikologischen Bedeutung des Wortes ergibt. Fuge ist eine Kunstform des imitierenden kontrapunktischen Stils. (Unter der Vorherrschaft des Cantus firmus bewahrt jede Stimme ihre Selbständigkeit, alle sind aber zugleich ‚harmonisch' verbunden.) Besonders wichtig ist die Bemerkung, daß es sich bei der Fuge um eine Form der *vorindividualistischen* Musik handelt. Über ihren Wert entscheidet nicht die Originalität der thematischen Erfindung, sondern die Kunst der kontrapunktischen Stimmführung. Zwar meint „imitierend" in diesem Zusammenhang ein werkinternes Nachahmen nach den Regeln des Kanons, aber auch Imitation im Sinne einer Übernahme vorformulierter Themen und Motive gehört zu den Selbstverständlichkeiten der Fugenkunst. Daraus ergibt sich für die „Todesfuge" eine genau zu beachtende Legende. Celans Rückgriff auf eine Form vorindividualistischer Musik kann als der Versuch verstanden werden, die ästhetische Gestaltung des Grauens der Ohnmacht des subjektiven Gedichtes zu entziehen, also eine Objektivierung zu erreichen, die das Gebilde auch von dem Vorwurf einer unangemessenen Schönheit freihalten sollte.

Vor allem verbietet sich die *isolierte* Betrachtung einzelner sprachlicher Wendungen. Für jede von ihnen ließen sich jüdische, deutsche oder mythische Referenzen anführen: Sulamith und Margarete, Asche und Gold, Totentanz, Schlangen, das

Hetzen der Hunde, die vier Elemente Erde, Luft, Feuer (Rauch), Wasser (Milch trinken). Selbst das Oxymoron „schwarze Milch" weist auf alte Traditionen zurück. Die Verbindung jüdischer und deutscher Bildvorstellungen hat ihren kontrapunktischen und geschichtlichen Sinn. Durch das historisch datierbare Grauen hindurch wird auf Vorzeit und Mythos verwiesen. *Alle* Motive des Gedichtes sind vorgegeben. Nur auf dem Weg des Zitierens gelangt so auch „Schönheit" in diesen Text. Wenn schließlich mit der Wendung „und es blitzen die Sterne" gar eine Arienzeile aus Puccinis „Tosca" eingebracht wird – Tosca, nota bene, weiht „nur der Schönheit" ihr Leben –, dann parodiert das Gedicht gerade jenes einstige Schöne der Kunst, an dem es selber nur noch teilhat in einer Haltung der Abkehr.

Wie weit die mit der Bezeichnung Fuge angedeutete Einschränkung der thematischen und motivlichen Originalität geht, ist durch die Nachforschungen Heinrich Stielers deutlich geworden[3]. Stiehler hat nachweisen können, daß die 1945 enstandene „Todesfuge" wesentliche Motive einem Gedicht von Immanuel Weißglas verdankt. Weißglas, ein Jugendfreund und Schicksalsgenosse Paul Celans aus Czernowitz, soll sein Gedicht *ER* bereits 1944 geschrieben haben. Es genügt, einige Zeilen daraus zu zitieren: „Wir heben die Gräber in die Luft ... Wir schaufeln fleißig ... fährt im Tanzen fort ... Spielt [auf der Geige] sanft vom Tod, er ist ein deutscher Meister ... Ein Haus für alle in die Lüfte grabend ... ER spielt im Haus mit Schlangen, dräut und dichtet ... wie Gretchens Haar ... Das Grab in Wolken ...: Da weit der Tod ein deutscher Meister war." – Die Ohnmacht des traditionellen Gedichts vor dem Grauen, der Celan durch die Anwendung eines entsubjektivierenden Formprinzips zu entgehen sucht, ist dem Text von Weißglas deutlich mitgegeben. Konventionell ist seine Form: fünfhebige Jamben, kreuzweise gereimte Vierzeiler. Durch das Wiederholen einiger Wortgruppen, in strenger metrischer Bindung, wird der Eindruck des Konventionellen noch befestigt. Celan dagegen macht die Wiederholung (analog zur kontrapunktischen Imitation) zum Prinzip einer modernen Textgestaltung und gewinnt so für jede sprachliche Wendung einen klaren Formelcharakter, der sich in immer neuen Kombinationen verstärkt. Die Abfolge der Bildelemente

im Text kennt keine syntaktischen Über- und Unterordnungen, es herrscht Parataxe. Da die Sprache, anders als die Musik, eine Gleichzeitigkeit ihrer Zeichen nicht kennt, sucht das Gedicht (vergleichbar einem einstimmigen Soloinstrument) Vielstimmigkeit zu simulieren: durch die Nebenordnung der Sätze (bei gleitenden Übergängen), durch Interpunktionslosigkeit und durch das Oxymoron. Nur im Bewußtsein eines hörenden Lesers kann das Gedicht erhoffen, zu jenem dissonanten Zugleich zu gelangen, welches es meint. Wo dieser Appell des Textes unbemerkt bleibt, liegen Mißverstehen und Einvernahme sehr nahe. Nur eine partiturmäßige Wahrnehmung würde der „Todesfuge" wirklich gerecht. Es ist dies vielleicht ihre tiefste, aber auch ihre verfänglichste Paradoxie.
Bereits jedes Reden und Schreiben über dieses Gedicht muß gegen dessen Leseanleitung verstoßen. Durch die Formelhaftigkeit seiner Elemente und deren Aufhebung in quasi-musikalischen Sequenzen und einem ebensolchen Klangbild entzieht sich der Text jeder Paraphrasierung. Allenfalls sein *Affekt* könnte annäherungsweise benannt werden; aber man sagt zu wenig, wenn man ihn einen durch die geschichtliche Inschrift des Gedichts konkretisierten Affekt der Klage nennt. Das Subjekt dieser Klage ist das kollektive „wir" der fast schon toten Juden; beklagt aber wird Judenleid als Menschenleid. Das Grauen, das die Fuge zur Sprache bringt, tilgt im Gedicht jede Individualität, es läßt auch an eine Originalität der Sprachbilder nicht mehr denken. Selbst „er", der den vielen als einzelner gegenübersteht, erscheint nur als Typus, als Schlangenspieler, Todes-Allegorie, als der, der ein unmenschliches Sterben durch Gesang und Tanz zu ästhetisieren befiehlt, Dirigent, Choreograph und Meister des Grauens. „Deutschland", der ethnologisch-politische Sammelbegriff und Herkunftsort dieses Todes, steht gegen die „Juden", das Volk ohne Lebens- und Todesraum (noch das Grab war nur „in den Lüften"). In den Eigennamen Sulamith und Margarete scheint sich diese kollektive Opposition zwar zu personalisieren, doch fehlt den Namen der individuelle Verweis. Auch sie bezeichnen nur Typen, sie deuten weit zurück aufs Alte Testament, auf Goethes „Faust", auch auf das Neben- und Gegeneinander von Synagoge und Ecclesia, der steinernen Allegorien an alten

Kirchenportalen: Schmerz- und Erinnerungsbilder jüdisch-christlicher, jüdisch-deutscher Geschichte.
Die meisten Verkennungen des Gedichtes rühren daher, daß man seine historische Inschrift las, als wäre sie *anders* geschrieben. Doch es erscheint kein Abbild von Auschwitz im Text. Der Ort des Geschehens hat die Realität der Lager in sich aufgenommen, ist aber ein ganz surrealer Ort, surreal vor allem durch die Art, wie sich hier Kunst und Grauen durchdringen. Diese Durchdringung gilt zunächst für das Geschehen im Text: mit befohlenem Wohlklang, Fideln und Tanzen („er befiehlt uns spielt auf") müssen die Ausgelöschten ihre Erniedrigung als schönes Fest begehen; sie werden exekutiert, indem sie Schönheit exekutieren. Die Objekte dieser erzwungenen Todesfuge, die Opfer, sind aber auch das sprechende Subjekt des Textes: ihr Gesang ist eins mit Wortlaut und Form des „Todesfugen"-Gedichtes. Darum muß die Frage „Genuß an Kunst?" auf ganz andere Art noch einmal gestellt und nun freilich mit Ja beantwortet werden. Das Gedicht hat den makabersten Kunstgenuß zu seinem Thema. Wessen Kunstgenuß? Den sadistischen eines „Meisters aus Deutschland". Hier wird kein geschichtliches Grauen beschönigt. Vielmehr werden das historisch Schöne, die Kunst der Fuge und Celans Gedicht *in eins* gesetzt mit dem Grauen: nicht als Schönheit des Grauens, sondern als ein Greuel der Schönheit.

VII.

WAS MUSS ICH WISSEN, UM ZU VERSTEHEN?

Über „Paul Celan. Eine Biographie seine Jugend" von Israel Chalfen

Im April 1970, fünfzigjährig, ging Paul Celan in den Tod. Fünfundzwanzig Jahre zuvor, im April 1945, hatte er Czernowitz, die Stadt seiner Geburt, seine Mutterstadt, für immer verlassen. Mit diesem Auszug – Czernowitz war endgültig sowjetisch geworden – überschritt er nicht nur die arithmetische Mitte seines Lebens, sondern auch die Grenze zwischen „der Fremde der Heimat" und jener anderen Fremde, die zunächst Bukarest, dann Wien, dann Paris hieß. Celans erste Lebenshälfte und die zwei Jahre in Bukarest bis zum heimlichen Gang über die rumänisch-ungarische Demarkationslinie in Richtung Wien, im Dezember 1947, behandelt Israel Chalfens biographischer Versuch. Der Autor ist ein Landsmann des Dichters. Er wurde 1909 in der Bukowina geboren, wanderte 1946 nach Palästina aus, wirkte als Facharzt in Israel, ist also kein Philologe. Man muß es betonen! Denn wer die Skrupel der jüngeren Literaturwissenschaft, vor allem der Germanisten und besonders der an Celan interessierten Schriftgelehrten kennt, durfte von ihnen, von unsereinem, ein solches Buch nicht erwarten. Groß, vielleicht allzugroß ist die Reserviertheit gegenüber Texterklärungen aus biographischen Gegebenheiten. Sie hat achtbare Gründe, und sie darf sich auch auf Celan selbst berufen. Er ist Anfragen zu seiner Person oder zum Hintergrund eines Gedichtes beharrlich ausgewichen und hat oft mit großer Empfindlichkeit reagiert. So konnte sich eine Art von Berührungs-Tabu herausbilden, das zwar den Bemühungen um einen möglichst reinen Textsinn zugute kam, zugleich aber auch Mutmaßungen und Spekulationen begünstigte.

Auch seinen künftigen Biographen, den er erst 1961 in Paris kennenlernte, verwies Celan („sanft und melodisch") auf die Selbsterhellung der Verse beim Lesen und Wiederlesen: „das Verständnis kommt von selbst". Zwar sagte er in seiner Büchnerpreis-Rede, jedem Gedicht seien Erfahrungen und Daten, jedem sei „sein *20. Jänner* eingeschrieben". Aber nach diesen Daten ihn zu fragen, hielt er für nicht statthaft. (Was jenen „20. Jänner" betrifft, so ist er mit mindestens zwei unverlierbaren Erinnerungen besetzt: „Den 20. Jänner ging Lenz durchs Gebirg" ist der Anfangssatz des Büchnerschen „Lenz". Und: Am gleichen Tag wurde im Jahre 1942 die „Endlösung der Judenfrage" auf der Wannseekonferenz beschlossen.) Gut, daß sein Landsmann sich davon nicht hat beirren lassen. Nur so konnte er biographische Spuren sichern, die fast schon verweht waren. Dafür ist Chalfen zu danken. Seine Nachforschungen und sein Findeglück stellen ein Wissen bereit, das jeder weiteren Beschäftigung mit Celans Dichtung eine neue Grundlage gibt. Dabei bleibt es zunächst durchaus nebensächlich, ob und inwieweit solch ein Wissen zur Erklärung dunkler Textstellen überhaupt taugen kann. Es gibt ein Verständnis der Texte und es gibt ein Verständnis der Celanschen Lebenserfahrungen und der Voraussetzungen seiner Bildung. Schwer zu sagen: wo diese beiden Verständnisse eines werden. Doch da im Gedicht, wie es Celan verstand, das „Selbstvergessen" des Dichters im Text gebunden ist an sein Sich-im-Text-Überliefern, bleibt auch das Text-Verstehen an das Begreifen der Voraussetzungen solchen Schreibens gebunden.

So ist es zum Beispiel wichtig zu wissen, daß dem Bild der „Schwester" in Celans Gedichten – anders als in den Versen von Georg Trakl – keine leibliche Schwester entspricht. Celan war ein Einzelkind, er wünschte sich ein Geschwister. Wenn er die offenbar zweitwichtigste Vertrauensperson seiner Jugend – die wichtigste blieb seine Mutter – als „Schwester" ansprach, so war diese Stilisierung seiner Liebe ins Geschwisterliche eine Verhältnisbestimmung und zugleich eine „Poetisierung", die gelegentlich auch an alttestamentliche Vorstellungen anklingen konnte.

Peter Szondi, der Celan zugewandt blieb bis in die Wahl seines eigenen Todes, hat in einem Aufsatzfragment mit wohl unwiederholbarer Genauigkeit festgehalten, welche konkreten Erfahrungsdaten Celan in seinem Gedicht „Eden“ bewältigte[1]. Szondi bestand aber darauf, daß ein solches Wissen für das Verständnis des Textes im Grunde unerheblich sei. Hans-Georg Gadamer hat darauf geantwortet und für die Unersetzbarkeit solcher Informationsvorgaben gesprochen.[2] Es ist eine faszinierende Kontroverse, in der Peter Szondi freilich nicht mehr erwidern konnte. (Der interessierte Leser sei auf die Celan-Bücher der beiden in der Bibliothek Suhrkamp hingewiesen.) Hier sind die Probleme des „Verstehens“ dunkler Poesie so deutlich formuliert, wie vielleicht nirgendwo sonst. Und es geht um die Bedeutung des Vorwissens.
So weist Szondi den Erfahrungshintergrund für die folgenden Gedichtzeilen nach:

> Es kommt der Tisch mit den Gaben,
> er biegt um ein Eden.

Celan war in den Vorweihnachtstagen 1967 in Berlin. Er sah die Spree, die Havel, er sah den Landwehrkanal, aus dem 1919 die Leiche der Rosa Luxemburg geborgen wurde. Er las gerade ein Buch über den Mord an Liebknecht und Rosa Luxemburg. Das vorweihnachtliche Datum ist in den Worten „der Tisch mit den Gaben“ enthalten. „Eden“ aber ist nicht nur der Name fürs Paradies, sondern auch der Name eines Luxusappartement-Hauses, das Szondi, vom Auto aus, Celan zeigte. Es steht an der Stelle des Hotels „Eden“, in das Liebknecht und Luxemburg Stunden vor ihrer Ermordung verschleppt wurden. Wenn man dies weiß – freilich nur dann –, gewinnt das Wort „Eden“ in Celans Gedicht zwei antithetische Bedeutungen: Es meint den Ort des Glücks und der Geschichtslosigkeit und zugleich den Ort eines historischen Verbrechens und Leidens, eine Vorhölle. Der Gabentisch „biegt“ also nicht nur um „ein Eden“ herum, er biegt es zugleich auch um, so daß Eden kein Eden mehr ist. Auf die Frage: „Was muß ich wissen, um solche Verse zu verstehen?“, kann es keine ein für allemal geltende Antwort geben. Sie muß für jedes Gedicht neu gestellt werden. Darum ist es wichtig, alle nur erreichbaren Kenntnisse kritisch zu prüfen, den Text an den von außen kommenden Informationen und das Vorwissen am Text zu messen.

Für solche Annäherungsversuche stellt Chalfens Celan-Biographie reiches Material zur Verfügung. Ich gebe ein Beispiel: In der Gedichtsammlung „Von Schwelle zu Schwelle" steht das Gedicht „Schibboleth". Durch das Losungswort (Schibboleth) der Republikaner im Spanischen Bürgerkrieg erhält das Gedicht eine deutliche historische Inschrift: „Februar. No pasaran." Zugleich ist die Rede von einer „dunklen/Zwillingsröte/in Wien und Madrid". Man sieht sich auf den Weg des geschichtlichen Nachfragens verwiesen: In Spanien begann 1936 der Bürgerkrieg; im Februar 1934 fand in Wien ein Arbeiter-Aufstand gegen die Dollfuß-Regierung statt. Das Gedicht betont (durch Worte wie „Zwillingsröte" und „Doppelflöte") die Einheit dieser getrennten Ereignisse: „Wien und Madrid". Nun kommt in der letzten Strophe das Wort „Einhorn" vor, jenes „Tier, das es nicht gibt" (Rilke), und man darf sich erinnern, daß die Habsburger (deren Hauptstädte Wien und Madrid waren) gerade fürs Einhorn als mystisches Vereinigungssymbol ein besonderes Faible besaßen, wovon man sich zum Beispiel in der Wiener Schatzkammer überzeugen kann. Die Verwendung des Wortes „Einhorn" in Celans Gedicht wäre dann als eine Zusammenführung von Getrenntem, als mystisches Emblem, aber vielleicht auch als kulturhistorische Anspielung zu lesen:

Einhorn
du weißt um die Steine,
du weißt um die Wasser,
komm,
ich führ dich hinweg
zu den Stimmen
von Estremadura.

In Chalfens Buch ist nun zu lesen: „Bei Ausbruch des Spanischen Bürgerkrieges ließ Paul sich zum ersten und einzigen Mal zu einer politischen Aktion überreden: Er sammelte Spenden für die Rote Hilfe, die den republikanischen Kämpfern in Spanien zugute kommen sollten ... Die Sommerferien 1936 verbrachte Paul mit seinem Freund Erich Einhorn." Und: „Paul hatte mit Erich

Einhorn die Begeisterung für die aufständischen Wiener Arbeiter von 1934 und im Jahr 1936 für die republikanischen Kämpfer in Spanien geteilt. Und gern hätte er den Freund mit den Spanienflüchtlingen die er 1938 in Frankreich kennenlernte, zusammengeführt. Die letzte Strophe des Gedichts ‚Schibboleth' nimmt darauf Bezug: ‚Einhorn: du weißt ...'". Der Name des mystischen Tieres ist also auch der Name des Freundes[3]. Mit einem solchen Zusammentreffen diverser Bedeutungen in einem Wort muß der Leser Celanscher Gedichte ständig rechnen. Sie ergeben einen höchst bewußt hergestellten mehrfachen Schriftsinn, dem wir nur nahekommen, wenn wir ein Wissen erlangen, das der Text zwar enthält, uns aber zugleich auch vorenthält. Man wird die Art, in der Celan seine Erfahrungen zur Sprache bringt, kaum Mitteilung nennen dürfen. Doch auch kein Rätselspiel wird gespielt, und von „Verschlüsselung" zu sprechen, ist sicher verfänglich. Es geschieht Selbstverständigung. Wenn diese Text gewordene Selbstverständigung aber dennoch einen Leser sucht, so offenbar nur einen solchen Leser, der alles schon weiß, dem nichts erklärt, nichts gestanden zu werden braucht – ein utopisches Du. Daher die Einsamkeit, die Celans Texte umgibt. Daher die Schweigegebärde seines Sprechens. Daher aber auch das Unrecht, in das sich der Leser durch Celans Gedichte gesetzt sieht. Es ist eine Unrechtserfahrung, die mich sehr alttestamentlich, sehr jüdisch anmutet: du hast unrecht, weil du erfragst, was du nicht wissen kannst, aber du mußt es wissen, um zu verstehen.

Celan besser zu verstehen, hilft diese „Biographie seiner Jugend" gewiß. Was wußten wir denn von seiner Familie; vom Milieu der Stadt, die ihn ein halbes Leben lang prägte; vom Gang seiner Bildung; von antisemitischen Lehrern; vom Leben im Getto, das 1941 die nach Rumänien einrückende SS errichtete; von den Umständen, unter denen er der Deportation ins ukrainische Konzentrationslager entging, wo seine Eltern umkamen; von den Bedingungen im rumänischen Arbeitslager; vom Studium der Medizin in Frankreich 1938, vom Romanistik-Studium in Czernowitz 1939 bis 1941, vom Wechsel zur Shakespeare-Sprache als Studienfach, 1944, als die Universität unter sowjetischer Direktion wieder öffnete? Wir haben fast nichts gewußt vom geistigen und seelischen Klima, aus dem seine frühen Gedichte entstanden. Nun erfahren wir von den Anpassungsschwierigkeiten des Einzelkindes in der Schule, von anfänglicher Unbeliebtheit, späterer Bewunderung seitens der Kameraden; von Celans glänzender Sprachbegabung: Rumänisch, Russisch, Französisch, Englisch, Latein, Hebräisch, Jiddisch; von frühen Übersetzungen Jessenins und Shakespearescher Sonette (ins Deutsche), Tolstois (ins Rumänische); von starken Affekten gegen das Jiddische, mehr noch gegen das Hebräische – das waren die Vater-Sprachen – und von seiner gegen alle Vorwürfe der Freunde behaupteten, nachgerade erotischen Anhänglichkeit an die Sprache seiner Mutter, ans Deutsche. Und hat er dieser Sprache, indem er sie später mehr und mehr in Fremdheiten trieb, nicht auch heimgezahlt, daß sie zugleich die Sprache der Muttermörder war?

Wie wichtig ist es, zu wissen, daß diese Jugend auch unbeschwerte Jahre hatte, mit Badetagen am Pruthfluß, Wanderungen durch die bukowinische Landschaft. Es gab Lesezirkel, in denen der begabte Rezitator, der gern Schauspieler geworden wäre, verzückte Mädchen an seiner Rilke-Verehrung teilnehmen ließ und durch Shakespeare-Deklamationen begeisterte. Er hatte eine starke Neigung zur Botanik, liebte Blumen und wußte – schon immer auf eine äußerste Genauigkeit des Benennens bedacht – ihre Namen in mehreren Sprachen.

Aus den mitgeteilten Verhältnissen, Ereignissen und Erfahrungsdetails wird aber vor allem erkennbar, daß Celan unter dem Eindruck der Erniedrigungen im Arbeitslager und durch den Verlust seiner Mutter eine Schmerzgrenze erreichte, nach deren Überschreiten er ein für immer Gezeichneter blieb. Die Einheit von privatem und geschichtlichem Leid – Judenleid/Menschenleid – war die prägende Erfahrung seines Lebens. Verlust, nicht Gewinn ist die Kategorie, die dieses Leben bestimmte. Dennoch bedeutete der Tod der Mutter für Celan wohl auch eine Art von Befreiung. Chalfen ist ein diskreter Biograph; er findet – was das Schwierigste bei jeder Lebensbeschreibung ist – fast immer den Ton, der Abstand und Annäherung in ein gutes Verhältnis bringt. Darum darf er vermuten und sagen, daß für Celan erst nach dem Tod seiner Mutter „das Erlebnis der eigenen Sexualität“ möglich wurde. Um diese Zeit lockerte sich die „Schwester“-

Liebe zu Ruth Lackner – es ist ihr Mädchenname –, der diese Jugendbiographie ein, wie mir scheint, würdiges Denkmal errichtet hat[4].

An die sechzig Gewährsleute hat Chalfen noch finden können. Wieviel Zuneigung, Mühe und Geduld waren nötig, um dieses Buch zu schreiben! Wenn unser Dank und unsere Genugtuung gleichwohl gewisse Grenzen nicht überschreiten, so liegt das vor allem an unserer hier notwendigerweise beschränkten Kritikfähigkeit. Das Buch schöpft aus Quellen, die sich nur noch ausnahmsweise einmal nachprüfen lassen, ihre Authentizität ist von subjektiver Art; und es gibt eine Befangenheit jedes Biographen, oft sogar eine gewisse Parteilichkeit. Chalfen bestätigt diese Regel, indem er sie nicht durchbricht. Ich denke hier an *Immanuel Weißglas.*

Weißglas war ein jüdischer Klassenkamerad Celans. Er war mit Celan bis 1945 verbunden – wie eng, darüber gehen die Berichte auseinander. Wichtig ist ein Aufsatz von Heinrich Stiehler[5]. Darin wurden erste Recherchen zu Celans Jugendbiographie mitgeteilt, und erstmals wurde dieser deutschschreibende Lyriker westlichen Lesern präsentiert. Stiehler berichtet von einem „freundschaftlichen Wettbewerb" der beiden Dichter in Czernowitz, vom Austausch von Gedichten und Übersetzungsversuchen. Weißglas habe Celan auch mit mittelhochdeutscher Dichtung vertraut gemacht (nach Chalfen war es Dr. Horowitz). Vor allem aber weist Stiehler – überzeugend, wie mir scheint – eine „unmittelbare Beeinflussung" Celanscher Gedichte durch Verse von Weißglas nach. (Näheres im Abschnitt VI dieses Buches.) Es fällt auf, daß Chalfen gerade Weißglas nicht befragt haben will. Jedenfalls beschränkt er sich auf vier knappe Erwähnungen des Namens und schließt sich der merkwürdigen Abschätzigkeit an, mit der die anderen Zeugen offenbar von Weißglas reden: „Der ehemalige Mitschüler Pauls brachte aus dieser schwersten Zeit seines Lebens (im Lager) Gedichte mit, die das Leid zu bewältigen suchten. Wie schon im Gymnasium bemühte Weißglas sich, Paul für eine Dichterfreundschaft zu gewinnen, doch seine Dichtungen entsprachen nicht dem Gefühl und sprachlichen Ausdrucksvermögen Pauls." „In Wirklichkeit hat sich Paul weder damals (1938) noch später mit Weißglas eingelassen." Das sind merkwürdige Formulierungen. Der Leser, der Stiehlers Aufsatz kennt, gewinnt den Eindruck, hier werde, wenn auch verhalten, polemisiert. Zwischen zwei Quellen gestellt, fragt man ratlos, aus welcher man trinken soll. Natürlich aus beiden, aber es löscht nicht den Durst. Jedes „historische" Wissen ist überlieferungstrüb – das gilt für alle Biographien und gilt auch für Israel Chalfens Buch.

Man wird den Wert dieser Jugendbiographie um so höher schätzen, je deutlicher man erkennt, wie sehr das Fehlen einer ähnlichen Recherche für die zweite Lebenshälfte die Verläßlichkeit aller Aussagen über Celans Gedichte in einer nicht abzuschätzenden Weise beeinträchtigt. Welche Poesie aus diesem Jahrhundert wäre kommentierungsbedürftiger! Noch sind uns Vorstufen und Lesarten nicht zugänglich; noch ist von der schon 1972 in Angriff genommenen historisch-kritischen Ausgabe kein Band erschienen. Celans schriftlicher Nachlaß wurde noch nicht erschlossen; soeben ist er in den Besitz des Marbacher Literatur-Archivs gelangt. Ebenso wichtig wären Mitteilungen vertrauter Personen, Gesprächs-Notate, Berichte von Reisen und Begegnungen, möglichst viele lebensgeschichtliche Fakten, auch verläßliche Informationen über Celans Geisteskrankheit. Dies alles ergäbe ein sorgfältig zu prüfendes Kommentierungsmaterial, mit dessen Hilfe es endlich möglich sein müßte, diese geistige Landschaft – eine verdunkelte Landschaft aus Sprache, in der es wetterleuchtet – verläßlicher auszumessen, als es bis heute möglich ist. Wir werden noch manche Irrwege gehen; und selbst wenn wir über alle in diese Gedichte „eingeschriebenen" Daten und Erfahrungen unterrichtet wären, dürften wir unserer Einsichten trotzdem nicht sicher sein. Denn was wir Verstehen nennen, ist keine Folge des Wissens, wieviel Wissen auch seine Voraussetzung sein mag. Dennoch ist auf *jeder* Stufe der Mitwisserschaft ein Verstehen möglich – wie ließe sich sonst die Wirkung dunkler Gedichte erklären? Wer in ein noch Unverstandenes eintritt, steht doch immer bereits im Verständnis, in seinem.

ANMERKUNGEN

Einleitung

[1] Celans Gedichte werden zitiert nach:
Mohn und Gedächtnis, 5. Aufl., Stuttgart 1961. (Zitiert als: M.)
Von Schwelle zu Schwelle, 3. Aufl., Stuttgart 1961. (Zitiert als: Sch.)
Sprachgitter, Frankf./M. 1959. (Zitiert als: Sp.)
Die Niemandsrose, Frankf./M. 1963. (Zitiert als: N.)
Atemwende, Frankf./M. 1967. (Zitiert als: A.)
Zitate aus den Gedichten werden im Text nachgewiesen, alle übrigen in jedem Kapitel fortlaufend numeriert.

„Wortaufschüttung" und Wortzerfall

[1] Richard M. Meyer, Nietzsches Wortbildungen, in: Zeitschr. für Deutsche Wortbildung, 15. Bd., Straßburg 1914, S. 100.

[2] Lubomir Doležel, Zur statistischen Theorie der Dichtersprache, in: Mathematik und Dichtung, Versuche zur Frage einer exakten Literaturwissenschaft, hg. von Helmut Kreuzer u. Rul Gunzenhäuser, 2. Aufl., München 1967, S. 275–291, besonders S. 278. (Unterstreichung vom Verf.)

[3] Doležel, S. 291, Anm. 1.

[4] Während der Arbeit an diesen Studien entstand eine Wort-Konkordanz zur Lyrik Paul Celans bis 1967 (München 1969). Sie ist inzwischen ersetzt durch: Karsten Hvidfelt Nielsen/Harald Pors, Index zur Lyrik Paul Celans, München 1981. Ferner: Harald Pors, Rückläufiges Wortregister zur Lyrik Paul Celans, München 1989.

[5] Meyer, S. 98, passim.

[6] Sonette an Orpheus, 1. Teil, 3. Sonett: „An der Kreuzung zweier/ Herzwege steht kein Tempel für Apoll."

[7] Ein erster Ansatz, Gemeinsamkeiten Celans mit Jean Paul zu untersuchen, findet sich bei Adelheid Brüninghaus, „Den Blick von der Sache wenden gegen ihr Zeichen hin." Jean Pauls Streckverse und Träume und die Lyrik Paul Celans, in: Jahrb. der Jean-Paul-Gesellsch. 2, München 1967, S. 55–72.

[8] Ausnahme: „Zehnfingerschatten" (Sp 29).

[9] Schon aus den Titeln der Sammlungen ist die wachsende Neigung zur Wortzusammensetzung erkennbar: *Sprachgitter, Niemandsrose, Atemwende.* – An dieser Stelle sei ein statistischer Befund mitgeteilt,

der anhand eines Vergleichs der Zahl kurzer Zeilen in M und A die Entwicklung der Celanschen Dichtung von einer andern Seite her verdeutlicht:

	M	A
Zahl der Gedichte	56	80
(davon mit Titeln)	47	6
Verse aus einem Wort	6	200
Verse aus zwei Worten	9	285
Verse aus drei Worten	26	260.

[10] Was Böschenstein, mit Blick auf Celan, Bobrowski und Ingeborg Bachmann, „den Zusammenfall von Askese und Ekstase" nennt, bestätigt sich hier am sprachlichen Detail. Vgl. Bernhard Böschenstein, Ekstase, Maß und Askese in der deutschen Dichtung, in: Ekstase, Maß und Askese, Akademische Vorträge, gehalten an der Universität Basel, Heft 5, Basel 1967, S. 53.

[11] Als Beispiel diene das achtzeilige Gedicht A 24. Es enthält vier Kompositionssubstantive: „Harnischstriemen, Faltenachsen,/ Durchstich-/ punkte" und „Kluftrose". Alle vier sind geologische termini technici. (Ohne das Wissen um ihre Herkunft bleibt das Gedicht dunkel; wer sie *nur* terminologisch verstünde, würde das Gedicht ebenso verfehlen.)

[12] Mehr als einmaliges Erscheinen eines Worts in einem Gedicht bleibt unberücksichtigt.

[12a] Vgl. vom Verf.: Wortnacht- und Augennacht. Zu einem Gedicht Paul Celans, in: Neue Rundschau, Heft 1, Frankf./M. 1968, S. 88–99.

[13] In der Reihenfolge der Aufzählung: Rainer Maria Rilke, Sämtliche Werke, hg. von Ernst Zinn, Frankf./M. 1955 ff., Bd. 1: S. 381; 705; 732; Bd. 2: S. 83; 85; 98; 102, 144; 234; 286; 379; 406; 499; 499; 500. Wiederholungen: Bd. 2, S. 111; 136; 140; 250; 419; 430 („Herzblut"); 445; 501. (Andere Neubildungen zu „Herz" kommen, soweit ich sehe, nicht vor.)

[14] Etwa 250 in den ersten fünf Gedichtbänden, die meisten davon in „Niemandsrose" und „Atemwende".

[14a] Vgl. die auf S. 49 der 1. Auflage beschriebene ‚Wortbeschneidung': emeth/meth.

[15] Einbeziehungen fremdsprachlicher Worte oder Wendungen – durch Ezra Pound der Moderne vermittelt – sind bei Celan nicht selten. Es finden sich englische, russische, spanische, französische, lateinische, hebräische, mittelhochdeutsche, jiddische Einsprengsel. – Zur Tradition dichterischer Sprachvermischung vgl. F. W. Genthe, Geschichte der Macaronischen Poesie und Sammlung ihrer vorzüglichsten Denkmale, Unveränderter Neudruck der Ausgabe von 1836, Wiesbaden 1966.

[16] Vgl. N 27: Krumm war der Weg, den ich ging,
krumm war er, ja,
denn ja,
er war gerade."

[17] Dies gegen Weinrich, der „ichten" für ein Wort hält, das „seiner Syntax nach ein Wort der deutschen Sprache, seiner Semantik nach" aber „unbekannt" sei. Weinrich (vgl. Anm. 2 zu Myst. Paradoxie), S. 119. – Das Verb „ichten" ist im Mhd. belegt bei Herbort von Fritzlar (geb. ca. 1180): „nicht daz der geist zu nichte werde,/ sunder daz er geichtet werde an gote." (Grimm, DWB)

[18] Dieser Umschlag eines Nichts (eben dessen, was da „vernichtet" ward) in ein ‚iht' (eben jenes, das „Eins und Unendlich" als Vernichtete „ichten") hat seine Entsprechung in der Erhebung des „niemand" zu einem mit Gott vergleichbaren „Niemand" in dem Gedicht „Psalm".

Das Nichts in der Mandel

[1] Vgl. auch M 8; 10; 56; Sch 32; A 37.

[2] Schwarz sieht als „übergreifende Bildvorstellung das Motiv des Tränenkrügleins". In einer Anmerkung verweist er auf die erste der „Hymnen an die Nacht" des Novalis: „In Tautropfen will ich hinuntersinken und mit der Asche mich vermischen". Peter Paul Schwarz, Totengedächtnis und dialogische Polarität in der Lyrik Paul Celans, 18. Beiheft zur Zeitschr. „Wirkendes Wort", Düsseldorf 1966, S. 34.

[3] Schwarz (S. 35) spricht vom „metaphorischen Wechselbezug" zwischen „Aug" und „Mandel".

[4] Schwarz, S. 35.

[5] Zur Biographie Celans vgl. die spärlichen „Biographischen Notizen" in: Paul Celan, Gedichte, Auswahl und Anmerkungen von Klaus Wagenbach, (S. Fischer Schulausgaben) Frankf./M. o. J.

[6] Drei russische Dichter. Alexander Block, Ossip Mandelstamm, Sergej Jessinin, übertr. v. Paul Celan, (Fischer-Bücherei 510) Frankf./M. 1963, S. 50.

[7] Es mag ein Zufall sein, daß „Baobab" sich wie eine Vokalise auf den Namen des berühmten Kronstädter Panzerkreuzers anhört (a–o–a, au–o–a), von dem es in dem Gedicht „In eins" heißt:

> im Eislicht des Kreuzers „Aurora":
> die Bruderhand, winkend mit der
> von den wortgroßen Augen
> genommenen Binde – Petropolis, der
> Unvergessenen Wanderstadt lag
> auch dir toskanisch zu Herzen. (N 68)

Solcher „Zufall" scheint indes beziehungsvoll, begreift man als jene „Unvergessenen", deren „Wanderstadt" Petersburg ist, die Dichter Mandelstamm, Block und Jessinin. (Vgl. S. 63 f.) – Daß Celan solche Klangspiele liebt, beweist am besten seine „Gauner- und Ganovenweise ..." (N 27 f.).

[8] Paul Celan, Der Meridian, Rede anläßlich der Verleihung des Georg-Büchner-Preises 1960, Frankf./M. 1961, S. 7.

[9] Heinrich Heine, Werke und Briefe, hg. von Hans Kaufmann, (Aufbau Verlag) Berlin 1961, Bd. 8, S. 168.
[10] Heinrich Heine, Sämtl. Werke, hg. von Ernst Elster, 2. Aufl., Leipzig u. Wien 1893, Bd. 4, S. 473.
[11] Bertolt Brecht, Gedichte, Frankf./M. 1961, Bd. 4, S. 143.
[12] Das im Wort „Machandelbaum" anklingende Märchen steht als „literarische" Reminiszenz nicht allein in diesem Gedicht. Die Verse

Und wir zogen auch nach *Friaul.*
Da hätten wir, da hätten wir.

zitieren ein altes Landsknechtslied:

1. Wir zogen in das Feld, wir zogen in das Feld
da hätt'n wir weder Säckl noch Geld.
(Refrain) Strampede mi!
A la mi presente al vostra signori!
. . .
3. Wir kamen vor Friaul. Wir kamen vor Friaul,
da häät'n wir allesamt voll Maul.
(Refrain) . . .

(Georg Forster, Ein außzug guter alter und newer Teutscher Liedlein, 5 Bde, Nürnberg 1539–56, Bd. 2. Seit etwa 1900 in zahlreichen Liederbüchern und viel gesungen.
[13] Heine, SW, Bd. 4, S. 450.
[14] Georg Büchner, Werke und Briefe, hg. von Fritz Bergemann, Neue Ausgabe, Wiesbaden 1958, S. 82.
[15] Meridian, S. 8.
[16] Meridian, S. 15.
[17] Meridian, S. 21.

„Einem, der vor der Tür stand"

[1] Beate Rosenfeld, Die Golemsage und ihre Verwertung in der dt. Lit., Breslau 1934.
[2] Vgl. vom Verf.: Legende, Sage und Geschichte in Achim von Arnims „Isabella von Ägypten" – Quellen und Deutung, in: Jb. der Deutschen Schillergesellschaft XII, Stuttgart 1968.
[3] In: Gershom Scholem, Zur Kabbala und ihrer Symbolik, Zürich 1960. S. 209–259. – Die folgenden Hinweise auf Elemente der Golem-Vorstellung sind Scholem verpflichtet. Die weitgehende Unbekanntheit jüdischer Traditionen mag die Ausführlichkeit der Zitate rechtfertigen.
[4] Scholem, S. 239.
[5] Scholem, S. 233.
[6] Scholem, S. 233.
[7] Scholem, S. 235.
[8] Scholem, S. 351.
[9] Scholem, S. 254.
[10] Scholem, S. 257.

[11] Der Born Judas. Legenden, Märchen und Erzählungen, gesammelt von Micha Josef bin Gorion, hg. v. Emanuel bin Gorion, Wiesbaden 1959, S. 663–667 und S. 674 f.

[12] Scholem, S. 257 f.

[13] Scholem, S. 259.

[14] Zum Gebrauch des Wortes „Wort" vgl. S. 71 ff. der 1. Auflage.

[15] Handwörterbuch des deutschen Aberglaubens, hg. von H. Bächthold-Stäubli, Bd. 9 (Nachträge), Berlin 1941.

[16] Vgl. das Kapitel „Mystische Paradoxie", das auch eine Interpretation dieses Gedichts (A 27) enthält.

[17] Peter Paul Schwarz, Totengedächtnis und dialogische Polarität in der Lyrik Paul Celans, 18. Beiheft der Zeitschrift „Wirkendes Wort", Düsseldorf 1966, S. 51: „Das ist eine entscheidende Verschiebung gegenüber dem herkömmlichen Standort des Psalmisten, die aus dem Psalm ein Rollengedicht macht, ... Dadurch gewinnt das Leidenspathos des Gedichts eine im wörtlichen Sinne übermenschliche Steigerung."

[18] Schwarz, S. 51 f.

[19] Schwarz, S. 52.

[20] Vgl. auch Sp 39.

[21] Nach Schwarz (S. 52) wird durch das Wort „Niemand" lediglich eine „Negation des alttestamentlichen Gottes" vollzogen, „dessen Wirksamkeit als Schöpfergott bereits in der ersten Strophe in Frage gestellt war, da *niemand* den Toten ihre irdische Existenz wiederzugeben imstande ist. Folglich besitzt dieses *Niemand* größere Macht als das göttliche Sein und tritt in der zweiten Strophe an die Stelle der göttlichen Wirklichkeit selbst. Der dadurch vermittelte Widersinn ist die Entthronisierung Gottes durch das Nichts der Geschichte."

[22] Schwarz, S. 53.

[23] Vgl. M 24: „Wir waren tot und konnten atmen."

[24] Schwarz (S. 51), der die Möglichkeit einer „allgemeinen Existenzdeutung" ausschließt, rekurriert in seiner Interpretation des „Psalm" allein auf den „zeitgeschichtlichen Hintergrund ... Leiden und Tod der jüdischen Opfer im Exil, in den Ghettos und Konzentrationslagern."

Esoterik und politisches Engagement

[1] Hugo Friedrich, Die Struktur der modernen Lyrik. Von Baudelaire bis zur Gegenwart, 1. Aufl., Hamburg-Reinbek 1956.

[2] In Herders Gedicht „Coalition": „Politisch Lied, ein böses, böses Lied!/ So sagt das Sprichwort." Suphan Bd. 18, S. 348 (Anm.).

[3] Eine später geschriebene Interpretation der „Todesfuge" in Abschnitt VI.

[4] Datierung in: Paul Celan, Gedichte. Auswahl und Anmerkungen von Klaus Wagenbach (S. Fischer Schulausgabe), Frankf./M. o. J.

[5] In dieser Weise bestimmen Merker-Stammler „politische Dichtung".

[6] Eine Parallelstelle zu „schleiften sie mich/ in die Mitte des Marktes" findet sich in M 14: „die Farbe der Stadt, wo zuletzt ich geschleift ward gen Süden . . ./ Mit Tauen banden sie mich . . ."

[7] Meridian, S. 16 und S. 21.

[8] Albrecht Schöne (Hg.), Das Zeitalter des Barock. Texte und Zeugnisse, München 1963, S. 242.

[9] Abdias heißt der vom Unglück verfolgte Jude in Stifters gleichnamiger Erzählung. Er wird aus Afrika vertrieben, wählt sich Österreich als Exil und stirbt, vereinsamt, als Bauer.

[10] Drei russische Dichter, a.a.O., S. 49.

[11] Meridian, S. 8.

[12] Meridian, S. 17.

[13] Jost Nolte, Hunger nach Eindeutigkeit, Rezension des Bandes „Atemwende", in: Die Welt der Literatur vom 9. Nov. 1967. S. 3.

[14] Vgl. M 27, 33, 73; Sch 11, 41, 60; Sp 26; N 76, 82, 88; A 23.

[15] Akzente, Zeitschrift für Literatur, hg. von Walter Höllerer u. Hans Bender, Heft 6, Dez. 1967. S. 485. (in: Lichtzwang, 1970.) – In der gleichen Nummer findet sich das zuvor in der Neuen Zürcher Zeitg. gedruckte und dort zugleich von Werner Weber interpretierte Gedicht „Denk dir", das als Reaktion Celans auf den Arabisch-Israelischen Krieg im Sommer 1967 zu verstehen ist.

Mystische Paradoxie

[1] Schwarz (S. 30) weist auf die „quasi alchimistische Verbindung der Extreme von Eis, Schnee, Kälte mit Feuer und Hitze" hin. Ihre Beobachtung muß an dieser Stelle unterbleiben.

[2] Harald Weinrich hat in seiner Rezension der „Atemwende" auf „metasprachliche" Elemente in Celans Gedichten verwiesen. Das häufige Sprechen von Sprache in dieser Dichtung, gar deren Sprechen *über* das Sprechen von Sprache („Sahn nicht, nein/ redeten von/ Worten." Sp 58) mag den Gebrauch der Bezeichnung „Metasprache" nahelegen. Es fragt sich aber, ob eine Bezeichnung, die gemeinhin zur Benennung *theoretischen* Sprechens von Sprache dient, einer Dichtung gerecht werden kann, die von Sprache nicht anders als in *poetischer* Weise redet. Noch fragwürdiger will mir Weinrichs Bezeichnung der Celanschen Dichtung als „Metapoesie" erscheinen. Wo Celans Gedicht von sich selber spricht, spricht es chiffriert und auch dann kaum anders als *sub specie futurorum*, d. h. sub specie der Utopie des absoluten Gedichts. Die Einführung der Bezeichnung „Metapoesie" verkennt das der Poesie seit jeher Mögliche. Der Begriff besagt hier so gut wie nichts; jedenfalls bezeichnet er nichts spezifisch Celansches. (Auch eine Dichtung wie die Friedrich Hölderlins wäre in diesem Sinne „Metapoesie".) – Weinrich, dem der Chiffren-Charakter des Wortes „Schnee" entgeht, deutet den oben zitierten Gedicht-Schluß als ein Hervortreten der „Metasprache": „Dieses Gedicht . . . entzieht in seinen letzten Zeilen dem Schnee – nein, dem Wort ‚Tiefimschnee' – das letzte Gerüst: seine

Konsonanten. Wir befinden uns nicht mehr in der Dimension der planen Sprache (Sprache über Sachen, z. B. ‚Schnee'), sondern der Metasprache (Sprache über Sprache, z. B. das Wort ‚Schnee'). Das Gedicht zeigt an sich selber die Unzulänglichkeit seiner eigenen Sprache." (Harald Weinrich, Kontraktionen. Paul Celans Lyrik und ihre Atemwende, in: Neue Rundschau, 79. Jhg., 1. Heft, Frankf./M. 1968, S. 121.)

3 Meridian, S. 17.

4 Meridian, S. 16.

5 Meridian, S. 19.

6 Zur Bestimmung des Manierismus-Begriffs in der Literaturwissenschaft vgl. Ernst Robert Curtius, Europäische Literatur und lateinisches Mittelalter, 6. Aufl., Bern und München 1967, S. 277 ff. Ferner: Gustav René Hocke, Manierismus in der Literatur, rowohlts deutsche enzyklopädie 82/83, 1. Aufl., Reinbek bei Hamburg 1959, S. 301 ff., passim.

7 Meridian, S. 21.

8 Hugo von Hofmannsthal, Aufzeichnungen, hg. v. Herbert Steiner, Frankf./M. 1959, S. 215.

9 Als „Himmelssäure" (A 9) und „Erdsäure" (A 34) ist das Wort Säure in Celans Gedichten belegt.

10 „Gedicht" kommt in Celans Versen nur dieses eine Mal vor.

11 So zuerst in Beda Allemanns Deutung: Zu Paul Celans neuem Gedichtband „Atemwende", in: Dichten und Trachten 29. Almanach des Suhrkamp Verlags, Frankf./M. 1967, S. 10.

12 Für „hundertzüngiges Mein-/ gedicht" stehen in „Die Schleuse" (N 20) die möglichen Wechselnamen „Tausendwort" und „Vielgötterei": „An einen Mund,/ dem es ein Tausendwort war,/ verlor ich ein Wort ..." – „An/ die Vielgötterei/ verlor ich ein Wort, das mich suchte:/ Kaddisch."

13 Paul Celan, Gespräch im Gebirg, in: Das Atelier, Zeitgenössische deutsche Prosa, hg. v. Klaus Wagenbach (Fischer-Bücherei Nr. 455), Frankf./M. 1962, S. 125.

14 Albrecht Schöne (Hg.), Das Zeitalter des Barock. Texte und Zeugnisse, München 1963, S. 250.

15 Allemann, S. 10.

16 Ich bin weit davon entfernt, den folgenden Hinweis meiner Deutung des Gedichts hinzuzufügen; es sei aber doch auch an die Eingangs-Szene des Dramas erinnert: Lear fordert von seinen Töchtern Bekenntnisse ihrer Liebe. Die Dritte verweigert das geforderte Liebes-Wort, auf dem der von Gonerils und Regans Worten geblendete König besteht. Cordelia „liebt und schweigt". Dürfte man die an rhetorischen Floskeln reichen Lippenbekenntnisse Gonerils und Regans mit einer Wendung des Gedichts „Kunstbrei" („buntes Gerede des Anerlebten" A 27) nennen, so käme Cordelias Schweigen dem, was im Gedicht das Losungswort „Atem" meint, nahe. Lears Weg durch die Umnachtung ist sein Weg durch dieses Schweigen. Als er „vom großen Wahnsinn"

erwacht, hat er Cordelias Schweigen verstanden (5. Akt, 3. Sz.). Was für Celans Dichtung der Weg durch die „Wortnacht" (Sch 41) bedeutet, rückt mit diesem Gedicht in eine vom Dichter gesuchte Nähe zum Schicksal des Lear.

[17] Gr. Stg. A., Bd. 2, S. 271. – Peter Szondi hat zuerst auf die Bedeutung dieser Lesart hingewiesen: Der andere Pfeil. Zur Entstehungsgeschichte des hymnischen Spätstils, in: Peter Szondi, Hölderlin-Studien, Frankf./M. 1967, S. 33–54, besonders S. 45.

[18] Vgl. Bernhard Böschenstein, Paul Celan (Interpretation des Gedichts „Tübingen, Jänner"), in: Schweizer Monatshefte, Heft 6, 1965, S. 605.

[19] Böschenstein, S. 604.

[20] Auf Verse aus dem späten Hölderlin-Gedicht „Die Zufriedenheit" sei verwiesen: „... Wer aus Gefahr sich windet,/ ist wie ein Mensch, der kommt aus Sturm und Winden." (Kl. Stg. A., Bd. 2, S. 285.)

Schönheit des Grauens oder Greuel der Schöheit?

Erstdruck in: Walter Hinck (Hg.), Geschichte im Gedicht. Texte und Interpretationen, Frankf. 1979 (Ed. Suhrkamp 721), S. 229ff. – Leicht verändert.

[1] Reinhard Baumgart, Unmenschliches Beschreiben. Weltkrieg und Faschismus in der Literatur, in: Merkur, 1965, Heft 1, S. 37–50.

[2] Walter Müller-Seidel, Probleme der literarischen Wertung, Stuttgart 1965, S. 180.

[3] Heinrich Stiehler, Die Zeit der „Todesfuge". Zu den Anfängen Paul Celans, in: Akzente, 1972, Heft 1.

Was muß ich wissen, um zu verstehen?

Erstdruck in: Die Zeit, Nr. 24, 8. Juni 1979. Rezension zu: Israel Chalfen, Paul Celan. Eine Biographie seiner Jugend, Frankf. 1979. Leicht verändert.

[1] Peter Szondi, Celan-Studien, Frankf. 1972 (Bibliothek Suhrkamp 330), S. 133ff.

[2] Hans-Georg Gadamer, Wer bin ich und wer bist Du? Kommentar zu Celans „Atemkristall", Frankf. 1973 (Bibliothek Suhrkamp 352), S. 115ff.

[3] Als ich über „Schibboleth" (vgl. S. 58ff.) schrieb, ahnte ich nicht, daß mit dem Namen „Einhorn" auch eine Person angesprochen sein könnte.

[4] Inzwischen sind Celans Jugendgedichte aus dem Besitz von Ruth Kraft, geborene Lackner, zugänglich: Paul Celan, Gedichte 1938–1944. Mit einem Vorwort von Ruth Kraft, Frankf. 1986.

[5] Heinrich Stiehler, Die Zeit der „Todesfuge". Zu den Anfängen Paul Celans, in: Akzente, 1972, Heft 1.

WEITERFÜHRENDE LITERATURHINWEISE – ZUR ZWEITEN AUFLAGE –

Texte

Paul Celan, Gesammelte Werke in fünf Bänden. Hg. von Beda Allemann, Stefan Reichert und Rolf Bücher, Frankfurt 1983.
Paul Celan, Gedichte 1938–1944. Mit einem Vorwort von Ruth Kraft, Frankfurt 1986.

Biographisches

Israel Chalfen, Paul Celan. Eine Biographie seiner Jugend, Frankfurt 1979.
Gerhart Baumann, Erinnerungen an Paul Celan, Frankfurt 1986.

Sammelwerke

Dietlind Meinecke (Hg.), Über Paul Celan, Frankfurt 1970 (Ed. Suhrkamp 495).
Werner Hamacher/Winfried Menninghaus (Hg.), Paul Celan. Materialien, Frankfurt 1988 (Suhrkamp Taschenbuch 2083).

Bibliographie

Uta Werner, Bibliographie zu Paul Celan, in: Hamacher/Menninghaus (Hg.), Paul Celan. Materialien, Frankfurt 1988, S. 345–359.